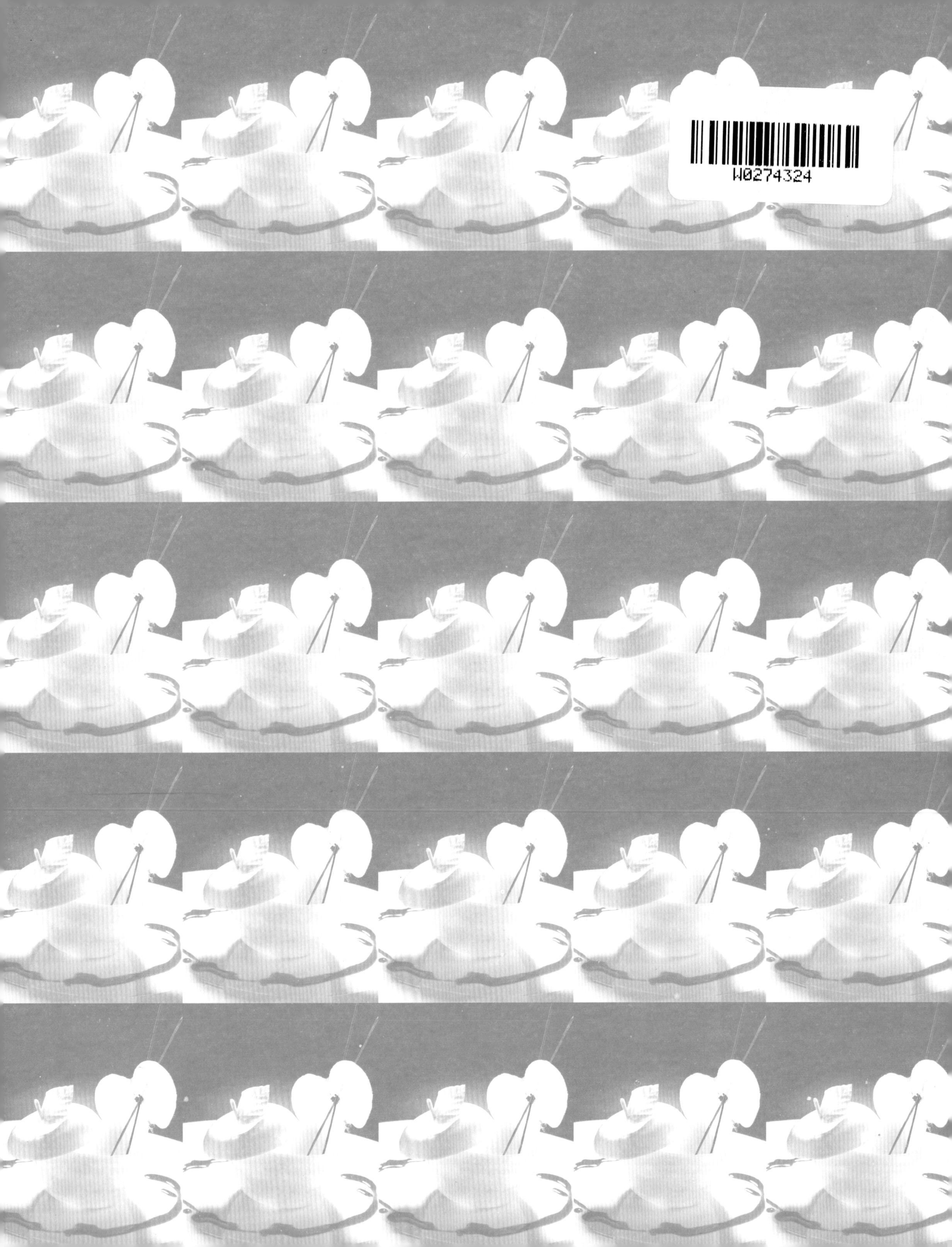

Impressum

Verleger und Autor	Robert Oppeneder
Fotografie	Fotostylist Stefan Platner, München Foto Seite 6: Reinhold Metz, VKD
Texterfassung	Carmen Oppeneder
Lektorat	Gerda Wekemann-Mathias, München
Englische Übersetzung	Linda Best, Ravensburg
Gestaltung	NB Prepressteam Nadler & Buttler, München
Druck	Druckerei Kastner, Wolnzach

ISBN 3-9803998-1-8

Printed in Germany

Musthead

Author and publisher	Robert Oppeneder
Photography	Photostylist, Stefan Platner, Munich Photograph page 6: Reinhold Metz, German Chefs Association
Text compiled by	Carmen Oppeneder
Editing	Gerda Wekemann-Mathias, Munich
English translation	Linda Best, Ravensburg
Layout	NB Prepressteam Nadler & Buttler, Munich
Print	Druckerei Kastner, Wolnzach

ISBN 3-9803998-1-8

Printed in Germany

Danke

Mein besonderer Dank geht an Andreas Wiedergrün, Konditormeister, der mir in unzähligen Arbeitsstunden zur Realisierung dieses Buches tatkräftig zur Seite stand.

Danke, lieber Andreas!

Ein weiterer Dank geht an den Porzellanhersteller, Firma Rosenthal, die mir für dieses Buch großzügig alle der mit Desserts abgebildeten Teller zur Verfügung stellte.

Thanks

My special thanks to the master confectioner Andreas Wiedergrün, who spent countless hours actively supporting me in the realisation of this book.

Thank you Andreas!

Also many thanks to the porcelain manufacturer Rosenthal, who generously provided all the plates for the dessert illustrations.

Inhalt

Contents

Geleitwort

vom Präsidenten
des Verbandes der Köche Deutschlands e.V.

Liebe Leserinnen und Leser,
Werte Kolleginnen und Kollegen,

als Präsident des Verbandes der Köche Deutschlands e.V. beglückwünsche ich Sie zum Kauf des Buches „Dessert ART", das anhand vieler origineller Rezeptideen neue Impulse für den Dessertbereich setzt. Besonders die Patisserie wirft für manche Köche Probleme auf. Deshalb ist dieses Buch außerordentlich wichtig, empfehlenswert und hilfreich für all jene Köche und Patissiers, die neue Standards und neue Ideen in der Patisserie aufgreifen möchten.

Es soll aber auch allen Konditoren dienen, die vielleicht den Sprung in die Patisserie wagen wollen und sich hier an dieser Lektüre orientieren können. Besonders als Nachschlagewerk ist dieses Buch unerlässlich. Sowohl Fachlehrer, Ausbilder als auch Auszubildende bis hin zum erfahrenen Küchenmeister profitieren von einem gut sortierten und gegliederten Repertoire an Krems, Soufflees, Parfaits, Soßen usw.

Als gelernter Konditor, Koch und Küchenmeister mit jahrelanger Erfahrung als Patissier weiß ich um die täglichen Anforderungen und Herausforderungen in der Patisserie.

Dieses Buch zeigt viele neue Richtlinien in der Patisserie einschließlich neue, innovative Stile zum Anrichten von Desserts, die von künstlerischem und ästhetischem Geschmack zeugen. Gerade die Präsentation von Desserts darf nicht unterschätzt werden, da sie ganz wesentlich zum Erfolg einer gastorientierten Verkaufsstrategie von Desserts beiträgt.

Lassen Sie sich inspirieren von der Vielfalt an kreativen und ansprechenden Desserts mit internationalem Flair, die in leicht nachvollziehbaren Schritt-für-Schritt Anleitungen und vielen schönen Fotos dargestellt werden.

Lieber Robert, ich wünsche Dir mit diesem ausgezeichneten Buch viel Erfolg, viele begeisterte Leser und Anwender sowie allzeit und immer den begeisterten und dessertbeglückten Gast!

Reinhold Metz
Präsident des Verbandes der Köche Deutschlands e.V.

Introduction

by the President of the Verband der Köche Deutschlands e.V (German Chefs Association)

Dear Readers,
Dear Colleagues,

As the President of the VKD German Chefs Association I would like to congratulate you on your decision to buy "Dessert ART", which contains a number of original recipes and gives fresh stimulus to the dessert sector. Patisserie is a field which is particularly problematic for some chefs. For this reason this book is extremely important, recommendable and of great assistance to all chefs and patissiers who wish to take up new patisserie standards and ideas.
It is, however, also aimed at all confectioners who would perhaps like to venture into the field of patisserie, and can then use this book as a guide. It is also an indispensable work of reference. Specialist teachers, trainers, trainees and also experienced chefs de cuisine will profit from a well-structured and varied repertoire of creams, soufflés, parfaits, sauces etc.

As a trained confectioner and chef with many years of experience as a patissier, I am familiar with the daily demands and challenges in the pastry world.

This book contains many new patisserie guidelines including new, innovative styles for dessert presentation which evidence a high standard of artistic and aesthetic taste. Dessert presentation is a matter which should not be taken lightly, as it is extremely important for the success of a guest-oriented dessert sales strategy.

Let yourself be inspired by the variety of creative and attractive desserts with international flair, explained with easily comprehensible, step-by-step instructions and many appealing photographs.

Dear Robert, I wish you much success with this excellent book, and also many enthusiastic readers and users – may your desserts for always and forever enthuse and delight the guests!

Reinhold Metz

President of the Verband der Köche Deutschlands e.V
(German Chefs Association)

Vorwort

Nach meinen Wanderjahren in traditionellen Hotels wie dem Victoria-Jungfrau in Interlaken, dem Palace Gstaad (beide Grand Hotels in der Schweiz), dem Kowloon Shangri-La in Hongkong und meiner nachfolgenden Arbeit als Chef Patissier bei meinem großen Lehrmeister Eckard Witzigmann in dessen legendärem „Aubergine" in München, habe ich mich ganz der Patisserie mit ihren Desserts, Süßspeisen und Schaustücken verschrieben.

1992 gründete ich die Dekor- und Patisserieschule, um meine vielfältigen Kenntnisse der Patisserie an Kollegen weiterzugeben. Heute, mit über 300 Schülern pro Jahr, kann ich sagen: Das Ziel ist erreicht.

Meine Erfahrungen im Bereich der Schokoladenschaustücke habe ich in dem Buch „Einfach Schokolade – Simply chocolate" zusammengefaßt. Dieses Buch hat im Kollegenkreis großen Anklang gefunden. Ich freue mich sehr, heute feststellen zu können, dass ich damit einige wichtige Impulse setzen konnte. In den achtziger und neunziger Jahren war kreativ kochen „in" und viele Küchenchefs und Chef Patissiers versuchten, mit möglichst verrückten Kreationen wie Erdbeer-Carpaccio, Grießflammeri mit Gelatine und Sahne oder Parfaits mit Gelatine vor den vielen Gourmetkritikern und -führern Beachtung zu finden, was allerdings zur Folge hatte, dass dadurch viele Grundsätze und Richtlinien der Patisserie über Bord geworfen wurden.

Leider wurde und wird auch durch das Fernsehen in kulinarischen Sendungen noch immer vieles vermittelt, was vom Fachlichen her nicht richtig ist. Viele der selbsternannten „Starköche" scheinen nicht zu wissen, was der Unterschied zwischen einem echten Pudding und einem Souflee ist. Einige meinen, ein Pudding wäre eine gekochte Krem, angerührt aus einem Päckchen Stärke, Geschmackszusatz und Milch – so wie man es eben aus der Industrie kennt. Dabei ist ein Pudding eine pochierte Masse, wie zum Beispiel der klassische *Mohr im Hemd*.

All diese Verfälschungen haben mich in den letzten Jahren dazu motiviert, in meinen Kursen die klassische Patisserie wieder in den Vordergrund zu stellen und für die richtigen Produkte mit den richtigen Bezeichnungen und Herstellungsabläufen zu kämpfen.

Deshalb habe ich dieses Buch geschrieben, in dem Sie Antworten auf folgende Fragen finden:

- Was sind richtige Soufflees?
- Was sind richtige Puddinge?
- Was sind richtige Krems?
- Wie bereitet man Soßen richtig zu? Etc., etc.

„Dessert ART" soll Ihnen, liebe Kollegen und Kolleginnen, helfen, die echte Patisserie kennen zu lernen und an unsere jüngeren Kollegen weiterzugeben. Kämpfen auch Sie dafür, dass ein Stück kulinarische Kultur am Leben erhalten bleibt.

Mit süßen Empfehlungen für dieses Werk

Ihr
Robert Oppeneder

Preface

After years of travelling and working at traditional hotels around the world such as the Victoria-Jungfrau in Interlaken, the Palace Gstaad – both grand hotels in Switzerland – and also the Kowloon Shangri-La in Hong Kong, followed by several years as a pastry chef with my great master Eckard Witzigmann at the legendary "Aubergine" in Munich, I decided to dedicate myself fully to the world of patisserie with its fascinating desserts, sweet dishes and showpieces.

The foundation of the School of Decor and Confectionery Art in 1992 was the first token of my decision to dedicate more of my time to patisserie. Today, with more than 300 students each year, I feel able to say that I have reached my goal.

I put all my experience gained from the creation of chocolate showpieces into the book "Einfach Schokolade – Simply chocolate", which was very well received by my colleagues. Today I am pleased to note that I was able to provide a number of new, important impulses with this book. In the eighties and nineties creative cuisine was in vogue, and many chefs and pastry chefs vied with each other to produce the most unusual creations such as strawberry carpaccio, semolina flamri with gelatine and cream or parfaits with gelatine to attract the attention of the many gourmet critics and culinary guides. This ultimately had a detrimental effect on patisserie, due to the fact that as a result many basic patisserie principles and rules were thrown overboard.

Unfortunately TV cooking shows have conveyed – and still do – a great deal which is technically incorrect. Many of the self-appointed "star chefs" appear to be unaware of the difference between a true pudding and a soufflé. Everyone thinks that a pudding is a custard made of a packet of cornflour, flavouring and milk – as the commercially available industrial products we are familiar with. However, a pudding is a poached mixture, such as the classic dish, Mohr im Hemd (chocolate pudding).

All these falsifications have motivated me in recent years to place more emphasis on classic patisserie in my courses, and to advocate the necessity for true patisserie products with the correct designations and methods.

This was also the reason for writing this book, which will provide the answer to the questions:

- What are true soufflés?
- What are true puddings?
- What are true creams?
- What is the correct method for making sauces? Etc. etc.

"Dessert ART" was compiled to help you, dear colleagues, to become acquainted with true patisserie, and also pass this on to our younger colleagues. I hope that you too will commit yourselves to ensuring that this element of our culinary culture is kept alive and thriving.

With sweet recommendations for this work

Yours,
Robert Oppeneder

Was sind Desserts?

Im ersten Moment scheint dies eine komplizierte Frage zu sein, wenn man seine eigene Vorstellung bedenkt oder verschiedenen Kollegen über die Schulter schaut, oder aber in diversen Fachbüchern blättert; es gibt viel Gegensätzliches zu sehen und zu hören.

Macht man sich aber einige Gedanken zu dieser Frage, dann ist es im Grunde ganz einfach, sie zu beantworten, vorausgesetzt man befolgt die Grundsätze der großen Küchenchefs oder Chef Patissiers, die die Patisserie ganz wesentlich prägten und beeinflußten, wie z. B. die Starköche Auguste Escoffier, Marie Antonin Carême, Paul Bocuse, Eckart Witzigmann oder François Gatti, der Schweizer Star Patissier des letzten Jahrhunderts.
Im Wesentlichen gilt hier die drei Komponenten-Regel: Ein Dessert muss immer aus drei verschiedenen Bestandteilen bestehen.

Desserts sollten leicht verdaulich, nicht zu schwer, nicht zu süß und nicht zu groß präsentiert werden.
Jedes Dessert sollte der krönende Abschluß eines Essens sein, das der Gast als kulinarisches Feuerwerk betrachtet.
Früher, beim sogenannten französischen Service, wurde alles auf Platten angerichtet und erst der Kellner richtete das Dessert auf den Teller des Gastes. Auch hier galt das Drei-Komponenten-Prinzip:
Eine Krem, ein Mousse oder ein Eis als erste Komponente; frische Früchte zum Garnieren als zweite Komponente und eine Soße als dritte Komponente.

Das gleiche Prinzip gab es beim sogenannten russischen Service (Tellerservice), das vom damaligen Starkoch Marie Antonin Carême, der die russische Zarenfamilie bekochte, eingeführt wurde. Angerichtet wurde hier vorwiegend in Glascoupes, Gläsern und kleinen Tellern. Erst ein Jahrhundert später war Starkoch Eckart Witzigmann einer der ersten, der dieses Tellerservice für Desserts wieder einführte und die Desserts auf großen Tellern präsentierte.

Eine Krem, ein Mousse oder ein Eis als erste Komponente; frische Früchte zum Garnieren als zweite Komponente und eine Soße als dritte Komponente. Das bedeutet, ein Dessert ohne Dekor muss immer aus drei Teilen bestehen.

Es gibt hier nur eine Ausnahme und zwar die, wenn in einer Menüfolge mehrere Dessertgänge folgen, so ist es gestattet, Desserts mit nur zwei Bestandteilen zu servieren.

Überblick

2 Bestandteile

Desserts mit nur zwei Bestandteilen sind nur bei einem großen Menü mit mehreren Dessertgängen gestattet.

3 Bestandteile

Desserts mit drei Bestandteilen gelten als richtige Desserts.

4 Bestandteile

Dessertvariationen gelten mit mindestens vier Bestandteilen, z.B. Variationen vom Apfel, Apfelkrem, Apfelkompott, Apfeleis und Apfelsoße.

Dessertteller

Dessertteller bestehen immer aus Gebackenem / Warmem, aus Geeistem (Eis, Sorbet, Parfait, Granité), zwei Krems (davon darf eine auch ein Mousse sein). einem Kompott, frischen Früchten, zwei Soßen (eine Kremsoße, eine Fruchtsoße).

What are desserts?

At the first glance this seems to be a complicated question when considering one's own preferences, taking a peek over the shoulder of various colleagues, or leafing through one of the many reference books – a great deal can be seen and heard which is sometimes very contradictory.

However, when contemplating this question in depth it is quite easy to find an answer if you observe the principles of the great chefs and pastry chefs who have exerted a considerable influence on patisserie, such as the renowned chefs Auguste Escoffier, Marie Antonin Carême, Paul Bocuse, Eckart Witzigmann and the star Swiss pastry chef of the last century, François Gatti.

The main principle is the three-component rule – a dessert should always comprise three different elements.

Desserts should always be easily digestible, not too heavy, not too sweet and not too bombastic.
Each dessert should be the crowning finale of a meal which the guest regards as a culinary firework. Years ago, with so-called French or silver service, everything was served on platters and the waiter then served the dessert on the guest's plate. The three-component principle also applied in this case:
One cream, one mousse or an ice-cream as the first element; fresh fruit for decoration as the second element and a sauce as the third element.

The same principle also applied with so-called Russian or plate service, which was introduced by the then famous chef Marie Antonin Carême, who cooked for the Russian Czar's family. The desserts were mainly served in glass coupes, glasses and on small plates. One century later the famous Eckart Witzigmann was one of the first to revive this presentation method for desserts, and served them on large plates.

One cream, one mousse or an ice-cream as the first element; fresh fruit for decoration as the second element and a sauce as the third element. This means that a dessert without decoration must always be made up of three parts.

There is only one exception to this rule; when several dessert courses are included in a meal, it is possible to serve desserts with only two elements.

Summary

2 Elements

Desserts with only two elements are only permitted for a large meal with several dessert courses.

3 Elements

Desserts with three elements are true desserts.

4 Elements

A dessert variation has at least four elements, for example variations of apple, apple cream, apple compote, apple ice-cream and apple sauce.

Dessert assortment

A dessert assortment always comprises something baked/hot, something frozen (ice-cream, sorbet, parfait, granita) two creams (one of which may also be a mousse), a compote, fresh fruit, two sauces (one cream sauce, one fruit sauce).

Das Dessert als Marketingfaktor

Bei Diskussionen mit Fachfreunden bekam ich immer wieder folgende Aussage zu hören: „Mein Restaurant befindet sich auf dem Land und ich verkaufe kaum Desserts“ oder „Meine Gäste wollen keine Nachspeise“. Ein großer Irrtum, liebe Kollegen! Jeder kann seine Gäste für Desserts gewinnen, auch wenn Ihr Restaurant in der tiefen Pampa liegt und ein Dessert nur wenig kosten darf. Als Geschäftsmann, der eine Vorspeise und einen Hauptgang verkauft, muß man auch darauf bedacht sein, ein Dessert zu verkaufen, um somit weitere Einnahmen zu erzielen.

Wie ist dies zu bewerkstelligen?

Werbung Nr. 1

Der entscheidende Punkt ist für mich, dass ein Dessert mit Freude und Liebe zubereitet und angerichtet wird und dass der Gast dies auch in allen anderen Speisegängen zu spüren bekommt – nach dem Motto: Die Küchenbrigade kocht gerne für ihre Gäste. Auch Ihr Gast wird daraufhin beim nächsten Besuch ein Dessert auswählen.

Werbung Nr. 2

Direktes Marketing durch den Kellner. Der Kellner weist beim Bringen der Dessertkarte bereits darauf hin, was Sie heute speziell aus der Patisserie anbieten, wie z. B. ein leichtes, kalorienarmes Dessert, ein Dessert ohne Eier, ein Dessert mit besonders vielen Früchten oder der Küchenchef bzw. Chef Patissier stellt sich selbst den Gästen vor und versucht, seine neusten Dessertkreationen zu verkaufen.

Werbung Nr. 3

Das Marketing der sichtbaren Desserts ist wohl eine der wirksamsten und wichtigsten Verkaufsstrategien. Genauer gesagt, man sitzt in einem Restaurant mit einem wunderschönen Ambiente und man kann die Servicekräfte mit herrlichen Gerichten vorbeigehen sehen. Deshalb ist für den Küchenchef oder Chef Patissier die Art und Weise, in der die Desserts angerichtet sind, von großer Bedeutung. Einfach flach präsentierte Desserts sind beim Servieren für andere Gäste kaum erkennbar und erzielen wenig Aufmerksamkeit und somit wird auch der Verkauf nicht gefördert.
Weit bessere Verkaufsmöglichkeiten kann man bei sehr hoch angerichteten Desserts erzielen. Stellen Sie sich vor, der/die Kellner/in spaziert immer wieder mit sehr hoch und attraktiv angerichteten Desserts an Ihrem Tisch vorbei. Dadurch werden Sie bei jedem Vorbeikommen an ein Dessert erinnert und so beeinflusst, dass die Lust zum Süßen steigt und Sie sich unbewußt dadurch zu einem Dessert überreden lassen.

Werbung Nr. 4

In meiner Tätigkeit als Chef Patissier in Hongkong hatten wir bei kleineren Festessen folgendes Konzept angewendet, das als Werbung für das ganze Restaurant oder Haus dienen sollte. Auf die liebevoll angerichteten Desserts wurden mit Soße Buchstaben geschrieben, die ein Wort ergaben. Auf jedem Dessert war ein Wort geschrieben und die einzelnen Wörter ergaben bei einer Gruppe von mehreren Personen einen Satz. Die Aufgabe war: Wer errät als erster den gesuchten Satz? Demjenigen, der diesen Satz als erster aussprach. wurde vom Haus ein Glas Champagner offeriert. Wenn man in solch einer Situation einen versierten Oberkellner hat, verkauft der an die anderen Personen ebenfalls Champagner. Auf diese Art erfüllt das Dessert bei einer solchen Aktion gleich mehrere Zwecke. Zum einen gibt es ein lustiges Ratespiel, das die Stimmung hebt. Zweitens wird Werbung für das Restaurant gemacht, weil jemand ein Glas Champagner gratis erhalten hat; drittens war der Gratis-Champagner ohnehin mit einkalkuliert, aber dadurch, dass den anderen Tischgästen noch 5 – 6 weitere Gläser Champagner verkauft wurden, erhöhte sich der Umsatz beträchtlich.

Desserts as a marketing factor

During discussions with colleague friends I often hear the same thing; "My restaurant is out in the country and I hardly ever sell desserts", or "My guests never want a sweet". This is a great mistake, dear colleagues! Anyone can awaken guests' enthusiasm for desserts, even if a restaurant is out in the sticks and a dessert has to be inexpensive. As a businessperson selling a starter and a main course, you also have to make a special effort to focus on selling desserts to boost your turnover.

But how to approach this?

Advertisement no. 1

The decisive factor for me is that a dessert is prepared and served lovingly and with enjoyment, and that this fact comes across to guests with all the other courses in accordance with the motto – our kitchen team enjoys cooking for its guests! I am sure that your guests will then also choose a dessert next time they come to your restaurant.

Advertisement no. 2

Direct marketing by the waiter. When the waiter brings the dessert menu he points out the special patisserie items of the day, for example a light, low-calorie dessert, an egg-free dessert, a dessert with a particularly generous amount of fruit, or the executive chef or pastry chef introduce themselves personally to the guests and try to sell their latest dessert creations.

Advertisement no. 3

Marketing of visible desserts is probably one of the most effective and important sales strategies. To be more precise, your guests sit in your restaurant in beautiful surroundings and can see the waiting staff passing by with glorious sweet dishes. For this reason the manner in which the desserts are presented is very important for the executive chef or the pastry chef. Desserts which are arranged flat on a plate can hardly be seen properly by the other guests when they are served, and therefore attract little attention, failing to boost sales.

Very high dessert arrangements can, however, promote sales considerably. Imagine that the waiter or waitress keeps walking past your table with very high and attractively arranged desserts. Each time they pass your table you are reminded of desserts and as a consequence so influenced by the thought of something sweet that your mouth starts watering – you will then unconsciously be talked into having a dessert.

Advertisement no. 4

When I worked as a pastry chef in Hong Kong we used the following concept which was aimed to serve as an advertisement for the entire restaurant or establishment. Letters, which made up a word, were piped onto the carefully arranged desserts with sauce. One word was written on each dessert, and the combined individual words on each dessert made up a sentence in a group of guests. The task was then to be the first to find out the whole sentence. The person who succeeded in solving the puzzle the quickest was given a glass of champagne on the house. If you have a skilled head waiter in such a situation, he will also be able to sell champagne to the other members of the group. In this manner the dessert serves several purposes. Firstly it is a fun guessing game which contributes to general enjoyment, and secondly the restaurant succeeds in promoting its image by giving away a glass of champagne. Thirdly, the free champagne was already included in calculations – but by the fact that the other guests at the table bought another five to six glasses, turnover was boosted considerably.

Dekor für Desserts

„Schöner Dekor als Instrument für gutes Marketing“

Grundsätzlich sollte man nur essbare Materialien als Dekor verwenden – aber was genau ist Dekor? Dekor sind all jene Materialien, die ein Dessert verschönern und den Geschmack nicht beeinflussen.

Dekor kann aus den folgenden Materialien bestehen:

- Schokolade
- Zucker und Puderzucker für den Tellerrand
- Hippenmasse und Teige
- Früchte & Kräuter
- verschiedene Soßen

Dekor aus Schokolade

Schokolade ist ein Material, das die meisten Möglichkeiten für sinnvollen Dekor bietet. Aus meiner Erfahrung kann man Gästen mit Schokoladendekor die größte Freude bereiten, weil Qualitätsschokolade gut riecht, gut schmeckt und der Kreativität keine Grenzen setzt.
Was in der heutigen Zeit besonders gut ankommt, ist das Färben von weißer Schokolade; damit wird alles bunter und lässt sich sehr gut verkaufen.

Temperieren der Schokolade:

Immer wieder tauchen beim richtigen Behandeln von Schokolade oder Kuvertüre Schwierigkeiten auf und meistens stellt sich dann die Frage: Warum zieht sie nicht an?

Warum wird sie grau (kein Glanz)?
Die Antwort: Sie haben keine stabile Fettsäure in der Schokolade und somit auch kein geeignetes Produkt zur Weiterverarbeitung.

Wie erhält man temperierte Schokolade (stabile Fettsäure)?
Die Schokolade wird bei maximal 45° C aufgelöst, damit sich alle vier Fettsäuren vollständig auflösen. Danach kühlt man die Schokolade wieder auf die jeweilige Verarbeitungstemperatur ab.

Dunkle Kuvertüre	31 – 32,5° C
Milchkuvertüre	29 – 31° C
weiße Schokolade	28 – 29° C

Dies ist die empfohlene Verarbeitstemperatur; die Schokolade ist noch nicht temperiert – es haben sich noch keine stabilen Fettsäuremolekühle gebildet.

Wie erhält man eine stabile Fettsäure?

Ein Viertel der auf die Verarbeitungstemperatur gebrachten Schokolade kühlt man auf der Marmorplatte auf ca. 24° C herunter, bis der Stockungsprozeß einsetzt. Diese noch zähflüssige Schokolade vermischen Sie mit der restlichen Schokolade. Nun sollte die Schokolade temperiert sein.

Der gewünschte Schokoladendekor sollte nun innerhalb von 2 – 3 Minuten aushärten und einen schönen Glanz aufweisen.

Sollten Sie am Temperieren keinen Spaß finden, so können Sie diese Arbeit von einer Temperiermaschine übernehmen lassen.

Decoration for desserts

"Appealing decoration as an instrument for professional marketing"

In principle only edible materials should be used as decoration – but what exactly is decoration? Decoration comprises all the materials used to make a dessert more attractive and which do not influence its taste.

Decoration can consist of the following materials:

- Chocolate
- Sugar and icing sugar for the edge of the plate
- Hippen paste and doughs
- Fruits and herbs
- Different sauces

Chocolate decoration

Chocolate is a material which offers the widest range of options for suitable decoration. According to my experience, chocolate decoration is the best way of guaranteeing maximum guest satisfaction. This is due to the fact that quality chocolate smells good, tastes good and opens up unlimited horizons for a creative imagination.
Coloured white chocolate appeals in particular to contemporary taste – it lends colour and is very easy to sell.

Tempering chocolate:

Many people have difficulty in successfully working with chocolate or couverture and the most frequent questions are: Why doesn't it set?
Why does it turn grey (no gloss)?
The answer is – you do not have any stable fatty acids in the chocolate and the product is therefore also unsuitable for subsequent processing.

How can I obtain tempered chocolate (stable fatty acids)?
Melt the chocolate at a maximum temperature of 45° C so that all four fatty acids can dissolve completely. Then cool the chocolate to the corresponding processing temperature once more.

Dark couverture chocolate	31 – 32.5° C
Milk couverture chocolate	29 – 31° C
White chocolate	28 – 29° C

This is the recommended processing temperature; the chocolate is not yet tempered, as stable fatty acid molecules have not yet formed.

How are stable fatty acids obtained?

Take a quarter of the chocolate which has been heated to the processing temperature and cool it on a marble sheet to approximately 24° C until it starts to set. Then mix this – still viscous – chocolate with the remaining chocolate. The chocolate should then be tempered.
The desired chocolate decoration should then harden within two to three minutes and have an attractive gloss.If you do not enjoy tempering chocolate, this job can also be done by a tempering machine.

Dekor aus Schokolade

Temperieren von Schokolade

Das richtige Temperieren einer Schokolade ist der diffizilste Arbeitsschritt. Eine richtig temperierte Schokolade garantiert für diversen Dekor die entsprechende Härte, Stabilität und Glanz.

Arbeitsschritte

Schmelzen der Schokolade oder Kuvertüre

Dabei sollte die Schokolade eine Temperatur von 50° C nicht überschreiten. Schmelzen Sie die Schokolade niemals direkt über offener Flamme, da sie sonst verbrennt und an Qualität verliert. Am besten ist es, die Schokolade langsam im Wasserbad zu schmelzen. Man kann Schokolade auch in der Mikrowelle auflösen; es ist jedoch Vorsicht geboten, da Schokolade sehr schnell Temperatur annimmt und sogar Feuer fangen und verbrennen kann.

Tablieren der Schokolade oder Kuvertüre

Tablieren ist die älteste und langwierigste, aber auch die beste Art, Schokolade zu temperieren. Das Hin- und Herstreichen der Schokolade mit einer Winkelpalette auf der Marmorplatte bezeichnet man in der Fachsprache als „Tablieren“. Dabei wird ein Drittel der Schokolade immer wieder auseinander gestrichen und wieder zusammengezogen bis der Stockungsprozess (25° – 26° C) einsetzt. Durch das Tablieren kühlt die Schokolade ab und erhält dadurch eine stabile Fettsäure (Kristallisation).

Diese kalte Schokolade gibt man wieder zu den restlichen zwei Drittel warmer Schokolade dazu und wiederholt den Vorgang solange, bis die gesamte Schokolade die richtige Verarbeitungstemperatur (dunkle Schokolade 32° C, Milchschokolade 30° C und weiße Schokolade 28° C) erhalten hat.

Zuerst wird eine Probe gemacht: Man taucht eine Messerspitze in die temperierte Schokolade und prüft, ob diese innerhalb von zwei Minuten mit Glanz anzieht. Falls die Schokolade innerhalb von 2 Minuten angezogen hat und glänzt, dann ist sie temperiert; passiert das nicht, so muss der Tabliervorgang noch einmal wiederholt werden. Sollte die gesamte Schokolade zu sehr erkalten, so muss sie immer wieder zur richtigen Verarbeitungstemperatur erwärmt werden. Vorsicht: die Schokolade nicht zu sehr erwärmen, ansonsten beginnt das Spiel mit dem Tablieren von vorne.

Das Färben von Schokolade

Am besten eignen sich Farben aus Pulver (Pigmentfarben), denn Flüssigfarben können die Schokolade zum Stocken bringen und außerdem wird sie leicht dick.

Das Pulver der Pigmentfarben mit etwas weißer Schokolade leicht anrühren, bis sich alle Farbpigmente aufgelöst haben; danach die restliche weiße, temperierte Schokolade einrühren bis der gewünschte Farbton erreicht ist. Eventuell Nachtemperieren, um einen besseren Glanz zu erhalten.

Chocolate decoration

Tempering chocolate

Tempering chocolate correctly is one of the most difficult steps. Correctly tempered chocolate guarantees the right degree of hardness, stability and gloss for the various decorations.

Method

Melt the chocolate or couverture chocolate

The temperature of the chocolate should not exceed 50° C. Never melt the chocolate on the cooker as it then burns and suffers a loss of quality. It is best to slowly melt the chocolate in a bain marie. The chocolate can also be melted in the microwave; however, care must be taken as the chocolate heats up very quickly and can even catch fire and burn.

Graining the chocolate or couverture chocolate

Graining is the most traditional method but also the best for tempering chocolate. Working the chocolate to and fro on a marble slab with an angled pallet knife is professionally termed "graining". With this method one third of the chocolate is spread out and then scraped together again several times until it begins to set (25° – 26° C). When the chocolate is grained it cools and a stable fatty acid is obtained (crystallisation).

Then add this cooled chocolate to the remaining two thirds of the warm chocolate and repeat this procedure until all the chocolate has reached the required working temperature (dark chocolate 32° C, milk chocolate 30° C and white chocolate 28° C).

First test the chocolate - dip the point of a knife into the tempered chocolate and check whether this sets within two minutes and is glossy. If the chocolate sets within two minutes and is glossy, it is tempered; if this is not the case, the graining procedure must be repeated. If the chocolate cools down too much, it must always be reheated to the correct working temperature. Caution: Do not heat the chocolate too much, as otherwise you will have to start again with graining.

Colouring chocolate

Powdered food colourings (pigment colourings) are the most suitable, as liquid colourings can make the chocolate congeal and it also turns slightly thick.

Mix the powder of the pigment colourings with a small amount of white chocolate until all the colourings have dissolved, then add the remaining white, tempered chocolate until the required colour has been obtained. If necessary retemper the chocolate to obtain a better gloss.

Dekor aus Schokolade

Schokoladenkörbchen

Um Schokoladenkörbchen herzustellen, verwendet man am besten ein leicht konisches Timbaleförmchen, um das Backtrennpapier gelegt wird. Die Ränder des Papiers werden leicht mit Schokolade zusammengeklebt, jedoch nicht am Timbaleförmchen angeklebt. Mit temperierter Schokolade werden auf das Papier zuerst feine Längslinien gespritzt; wenn diese erhärtet sind, wird zweimal sehr fein quer darüber (filiert) gespritzt. Das Schokoladenkörbchen mit Backtrennpapier zuerst vom Timbaleförmchen und erst danach vom Backtrennpapier lösen. Ein gespritztes Gitter dient als Rückdeckel.

Schokoladenrohr in mehreren Farben gespritzt

Um ein Rohr (Ø 5 – 6 cm) wird Backtrennpapier gerollt und an den Enden mit Schokolade leicht zusammengeklebt (nicht am Rohr ankleben). Verschiedenfarbige Schokoladen werden um das Papier gespritzt. Das Papier mit Schokolade vorsichtig vom Rohr ziehen und kurz in den Tiefkühler legen, danach läßt sich das Papier eingerollt leichter vom Schokoladenmantel entfernen. Das Schokoladenrohr kann man nun mit einem heißen Palettenmesser in verschieden große Teile schneiden.

Dünne Schokoladenblätter (siehe Dessert Seite 257)

Diese dünnen Blätter sind am leichtesten zu fertigen, indem man verschiedenfarbige Schokoladen (blaue oder rote, weiße und dunkle Schokolade) dünn auf Backtrennpapier oder eine Plastikfolie aufstreicht. Man kann sie rund ausstechen oder beliebig brechen. Das Papier wird umgedreht, damit die Schokolade keine Wölbung erhält.

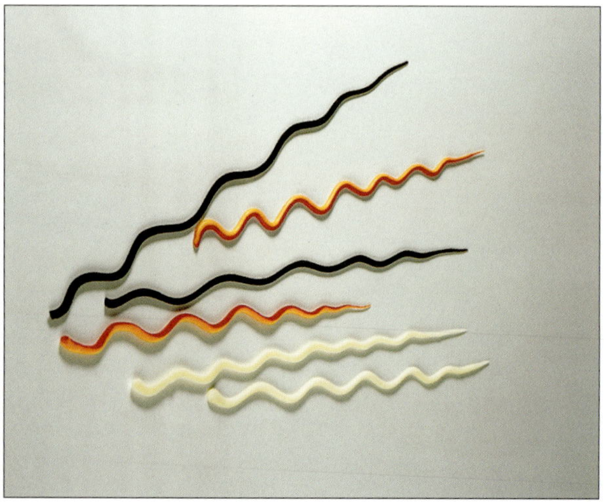

Gespritzte Schokoladenstäbchen

Mit verschiedenfarbiger, temperierter Schokolade (ggf. auch einfarbig) lassen sich schöne Stäbchen spritzen. Die maximal 2 – 3 verschiedenen Schokoladen vorsichtig gleichmäßig in eine Spritztüte füllen und dann auf eine Folie zweifarbige Stäbchen spritzen.

Chocolate baskets

To make chocolate baskets you will need slightly conical, small pudding moulds covered with baking paper. Stick the edges of the paper together slightly with chocolate, but make sure that the paper does not stick to the mould. First pipe fine lengthways lines of tempered chocolate onto the paper; when these have hardened, twice pipe very fine lines across these. First remove the chocolate basket from the mould together with the paper and then remove the paper. A piped lattice then serves as a lid.

Piping a chocolate tube in several colours

Roll baking paper around a tube (Ø 5 – 6 cm) and stick together slightly at the ends with chocolate (do not attach to the tube). Pipe chocolate in different colours around the paper. Carefully remove the chocolate with the paper from the tube and place in the freezer for a short time – it is then easier to roll up the paper and remove this from the chocolate shell. This chocolate tube can be cut into sections of different length with a hot palette knife.

Thin chocolate sheets (see dessert on page 257)

These thin sheets are most easily made by thinly spreading different coloured chocolate (blue or red, white and dark chocolate) onto baking paper or plastic film. These can then be cut out with round cutters or broken as required. Turn the paper over so that the chocolate does not curve.

Piped chocolate rods

Attractive rods can also be piped with different coloured (also unicoloured) tempered chocolate. Carefully fill a piping bag with equal amounts of two or three different types of chocolate (no more) and then pipe the multicoloured rods onto a piece of film.

Dekor aus Schokolade

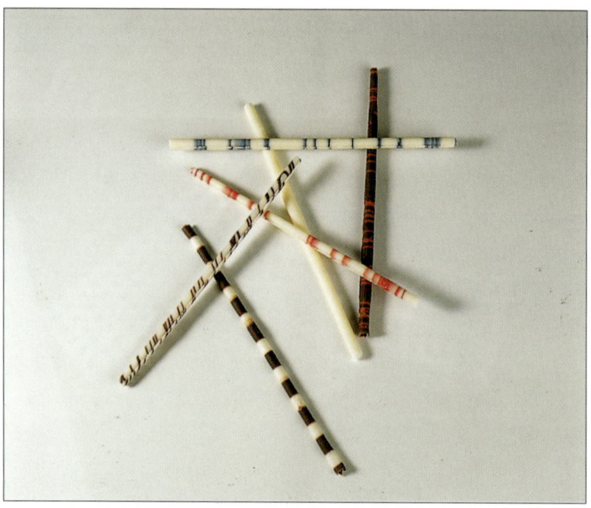

Schokoladenblätter geschabt (siehe Dessert S. 129)

Temperierte Schokolade wird 1 – 1,5 mm dick auf eine Marmorplatte aufgestrichen; Schokolade leicht anziehen lassen und mit Hilfe eines runden Ausstechers feine, gewölbte Blätter abschaben.

Richtige Schokoladenblätter

Um solche Blätter herstellen zu können, verwendet man am besten fettbeschichtete Blätter wie z. B. ein Lorbeerblatt, Zitronen- oder Orangenbaumblatt. Von diesen Blättern löst sich später die Schokolade besonders gut. Die gereinigten Blätter werden in temperierte Schokolade getaucht und sobald die Schokolade angezogen hat, zieht man das richtige Blatt vom Schokoladenblatt ab.

Schokoladenspiralen (siehe Dessert Seite 129)

Um ein Rohr (3 – 4 cm) wird Backtrennpapier gerollt und mit Schokolade angeklebt. Ein Folienband von ca. 20 cm Länge wird 1 mm dick mit temperierter Schokolade bestrichen; diese wird mit einem Schokoladenkamm gekämmt und mit der Folie um das Rohr gedreht.

Geschabte Schokoladenröllchen

Am schönsten sehen die einzelnen Röllchen in verschiedenen Farben aus. Es wird zuerst die hellere Schokolade auf die Marmorplatte aufgetragen oder gespritzt; man läßt sie leicht anziehen und streicht dann hauchdünn die nächste Schokolade darüber. Im richtigen Moment schabt man diese Rollen mit einer Spachtel im 45 ° Winkel zackig ab.

Das einfache Körbchen mit einer Silikonmatte

Der Markt bietet verschiedene Gummi- und Silikonmatten mit Halbkugelformen; diese dreht man einfach um und spritzt Schokolade dünn auf die Kuppeln. Schokolade anziehen lassen und das Körbchen vorsichtig von der Matte lösen.

Chocolate decoration

Chocolate shavings (see dessert on page 129)

Spread tempered chocolate to a thickness of 1 – 1½ mm onto a marble sheet; leave to set slightly and with a round cutter scrape off fine, curved slices.

Real chocolate leaves

To make such leaves it is best to use real leaves with a waxy coating such as bay leaves or the leaves of a lemon or orange tree. The chocolate can then be easily removed from the leaf. Dip the washed leaves into tempered chocolate and as soon as the chocolate has set, pull the real leaf away from the chocolate leaf.

Chocolate spirals (see dessert on page 129)

Roll baking paper around a tube (3 – 4 cm) and stick the ends of the paper together with chocolate. Apply a 1 mm layer of tempered chocolate to a film strip with a length of 20 cm; comb through the layer with a chocolate comb and wind it around the tube with the film.

Scraped chocolate rolls

These individual rolls are most attractive when they are made of different colours. First spread or pipe the lighter coloured chocolate onto the marble sheet; leave to set slightly and then very thinly apply the next layer of chocolate on top. At the right moment smoothly and quickly scrape the rolls into shape with a spatula at an angle of 45 degrees.

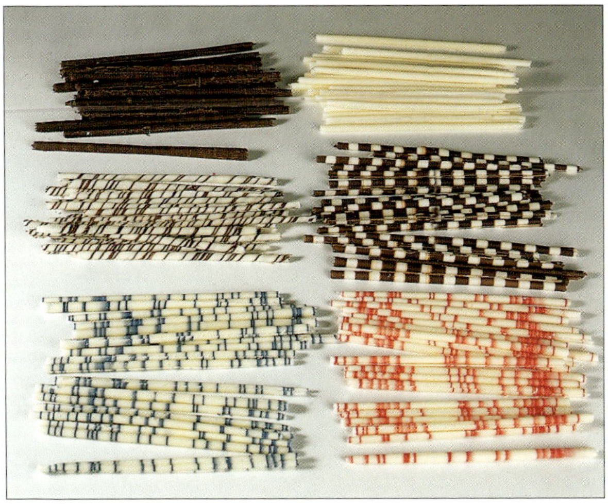

A simple basket with a silicone mat

A number of different rubber and silicone mats with a hemispherical shape are available on the market; simply turn these over and pipe chocolate thinly onto the dome. Leave the chocolate to set and carefully remove from the mat.

Dekor aus Schokolade

Das einfache Körbchen mit Eis

In ein Timbaleförmchen gibt man Wasser und einen Speiselöffel und stellt das Ganze in den Tiefkühler bis das Wasser mit dem Löffel gefroren ist. Das Eis mit dem Löffel wird aus dem Timbaleförmchen gelöst. Nun taucht man das Eis in temperierte Schokolade, nimmt es wieder heraus und wartet bis das Eis anfängt zu tauen und sich das einfache Schokoladeförmchen löst.

Verschiedene Schokoladenkörper

Auf ein 4 – 6 cm breites Folienband mit einer Länge von 12 – 18 cm kann man dünn verschiedenartige Schokolade in unterschiedlichen Farben auftragen.
Wenn die Schokolade noch weich ist, aber bereits leicht angezogen hat, kann man die Folie aufstellen und zu verschiedenen Körpern zusammensetzen.
Nun gibt es zwei Möglichkeiten: Bei der ersten Methode setzt man sie zusammen mit der Folie nach außen und der Schokolade innen. Dieser Vorgang eignet sich besonders gut für Tropfen oder runde Körper (diese kann man auch in einen passenden Ring stellen).

Die zweite Vorgehensweise sieht so aus: Man klebt das Folienband um eine mit Papier beklebte Form (Viereck, Dreieck oder Sechseck). Wichtig: Niemals ohne Papier direkt auf eine Form kleben, denn die Schokolade klebt an und das gewünschte Förmchen läßt sich nicht mehr von der Form lösen.

Die Schokolade mit dem Folienband nicht zu spät biegen, da sonst Risse in der Form entstehen und das Teil später beim Füllen brechen kann.

Tüte aus Schokolade (siehe Dessert Seite 189)

Diese Art von Schokoladendekor läßt sich besonders gut mit einer etwas dickeren Plastikfolie fertigen. Man dreht mit der Folie eine Spritztüte und klebt sie mit Klebestreifen zusammen. Diese Tüte wird mit temperierter Schokolade gefüllt; nun wartet man bis der Rand 2 mm dick anzieht und schüttet dann die restliche, nunmehr zähflüssige Schokolade wieder aus. Zum Aushärten das Ganze verkehrt auf eine Stange aufkleben.

Wichtig

Bei allen Schokoladenteilen, bei denen eine Folie verwendet wird, empfiehlt es sich, die Folie so lange wie möglich befestigt zu lassen. Dies hat den Vorteil, dass es kaum Fingerabdrücke gibt und mehr Glanz für den Schokoladenkörper erhalten bleibt.

A simple basket with ice

Fill a small pudding mould with water, place a dessert spoon into the water and place in the deep freeze until the water has frozen with the spoon. Remove the ice from the mould with the spoon. Then dip the ice into tempered chocolate, remove and wait until the ice starts to melt and the simple chocolate form is released.

Different chocolate shapes

Spread a thin layer of different types of chocolate onto a strip of film with a width of 4 – 6 cm and a length of 12 –18 cm.
When the chocolate is still soft but has already started to set, the film can be placed upright and assembled to different shapes.
There are two possible methods: The shapes are either assembled with the film facing outwards and the chocolate inwards, a method which is particularly suitable for drops or round shapes (these can also be placed into a suitable ring).

The second method is to attach the film strip around a mould covered with paper (square, triangular or hexagonal). Important: Never attach to the mould directly without paper, as the chocolate then sticks and the required shape cannot be released from the mould.

Do not wait too long before bending the chocolate on the strip as this causes cracks in the shape and it could later break when it is filled.

Chocolate cone (see dessert on page 189)

This type of chocolate decoration is particularly easy to make with a slightly thicker type of plastic film. Make a piping bag with the film and stick this together with adhesive tape. Fill this bag with tempered chocolate, wait until a two millimetre edge has set and then pour the excess, viscous chocolate out. To allow the bag to harden, attach upside down to a rod.

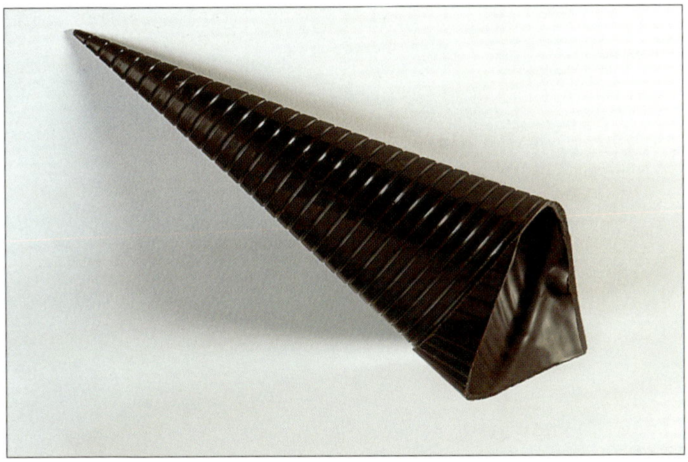

Important

When making chocolate pieces with film, always leave the film in place for as long as possible. This has the advantage that hardly any fingerprints are left and maximum gloss is obtained on the finished chocolate item.

Dekor aus Zucker

In den letzten Jahren hat sich beim Zucker viel geändert, man verwendet kaum noch normalen Saccharosezucker, sondern vielmehr den Zuckeraustauschstoff Isomalt (Diabetikerzucker).

Welche Vorteile bietet Isomaltzucker?

a) Löst sich auch bei hoher Feuchtigkeit nicht auf. Man kann also den Dekor schon früher produzieren.
b) Schnelles und einfaches Kochen ohne Thermometer

Nachteile

a) Höherer Preis als regulärer Zucker.
b) Kann genau so leicht auskristallisieren wie regulärer Zucker.

Rezept für Saccharosezucker

1 kg Zucker
5 dl Wasser
200 g Glucose
evtl. Farbe

Wasser, Zucker, Glucose und Farbe bis auf 148 – 150° C kochen. Dabei sollte man beachten, dass die Kristallbildung am Kesselrand mit Wasser und Pinsel immer wieder abgewaschen wird. Ansonsten könnte der gesamte Zucke kristallisieren und somit unbrauchbar werden.
Vorsicht: Verbrennungsgefahr!

Rezept für Isomalt

500 g Isomalt
evtl. Farbe

Den Isomaltzucker mit Farbe und ohne Wasser langsam auf direktem Feuer oder in der Mikrowelle schmelzen.
Vorsicht: Verbrennungsgefahr!

Tipp: Egal, welchen Dekor Sie mit welchem Zucker produzieren, verwenden Sie dabei einen dicken Handschuh, um sich vor Verbrennungen an der Hand zu schützen.

Sugar decoration

In recent years much has changed with regard to sugar – normal saccharose sugar is hardly used any more, but the sugar substitute (diabetic sugar) Isomalt instead! Which advantages does Isomalt offer?

Advantages

a) Does not dissolve at high humidity. It is therefore possible to make the decoration in advance.
b) Fast and simple boiling without a thermometer

Disadvantages

a) More expensive than normal sugar.
b) Can crystallise just as easily as normal sugar.

Boil water, sugar, glucose and colouring to a temperature of 148 – 150° C. Make sure that you constantly wash away any crystals forming at the edge of the pan with water and a brush. The entire sugar could otherwise crystallise and become unusable. Warning - danger of burns!

Recipe for saccharose sugar:

1 kg sugar
5 dl water
200 g glucose
colouring if required

Slowly melt the Isomalt sugar with colouring and without water over direct heat or in the microwave. Warning – danger of burns!

Tip: Irrespective which decoration you wish to produce with which sugar, always use a thick glove so that you do not burn your hands.

Recipe for Isomalt

500 g Isomalt
colouring if required

Dekor aus Zucker

Spinnzucker (Engelshaar)

Um einen schönen Spinnzucker zu erhalten, verwendet man ein kleines Brett, in das viele Nägel durchgeschlagen worden sind; man kann auch eine Spinnzuckerschleuder verwenden. Man taucht die Schleuder oder das Nagelbrett in den heißen Zucker und schleudert diesen dünn auf ein Backpapier.

Dieser fein gesponnene Zucker sollte sofort luftdicht mit Silicocagel (Orange-Gel) aufbewahrt werden, denn nur so kann man ein Zusammenkleben verhindern.

Isomaltplatten (siehe Dessert Seite 291)

Isomaltperlen auf einer Silpatmatte bei 180° C im Backofen schmelzen, eine weitere Silpatmatte darüber legen und mit einem hölzernen Rollholz einmal kräftig darüber rollen. Die beiden Matten mit dem Isomaltzucker aus dem Ofen nehmen und abkühlen lassen. Danach vorsichtig die Silpatmatten beidseitig vom Zucker abziehen.

Gespritzte Zuckerteile

Ob als Stäbchen, Palme oder runde Ornamente... der fertige, flüssige Zucker wird in eine doppelt gedrehte Spritztüte aus Papier gefüllt und gut verschlossen. Dann spritzt man diese bunten Zuckerstäbchen auf einer Silpatmatte. Lagerung wie Spinnzucker.

Gespritztes Zuckerkörbchen (siehe Dessert Seite 139)

Hier gibt es zwei Möglichkeiten: Zum einen kann man eine leicht geölte Schöpfkelle verwenden, die immer kalt bleiben soll, da sonst der Zucker das Öl aufnimmt und das Zuckerkörbchen sich nur schwer von der Schöpfkelle löst.
Die andere Möglichkeit wäre, eine Gummi- oder Silikonmatte mit Halbkugelform zu verwenden. Die Matte wird umgedreht und der Zucker wird auf die ungeölten Kuppen kreuz und quer fein darüber gespritzt.
Mit einem dünnen Holzstäbchen die Matte eindrücken, daraufhin löst sich das kalte Zuckerkörbchen. Lagerung wie Spinnzucker.

Gegossenes Zuckerkörbchen

Eine nietenlose Schöpfkelle leicht ölen und in den Tiefkühler legen. Über die gefrorene Schöpfkelle läßt man etwas kälteren, zähflüssigen Zucker laufen.
Auf diese Weise erhält man phantasievolle Körbchen. Sofort von der Kelle lösen, wenn der Zucker kalt ist. Lagerung wie Spinnzucker.

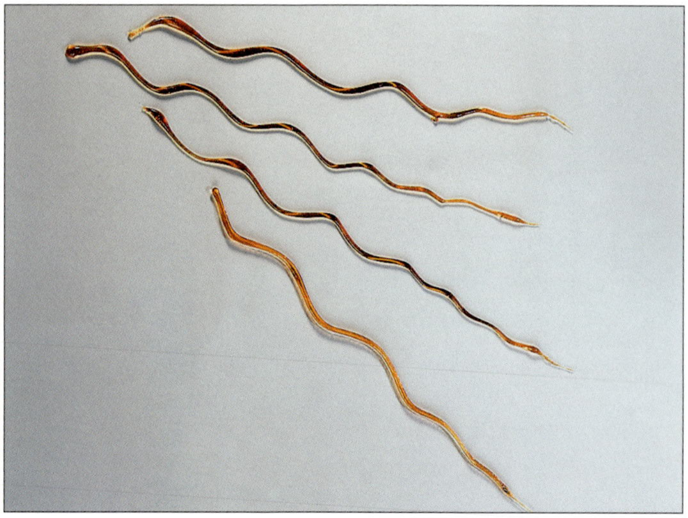

Spun sugar (angel hair)

In order to make attractive spun sugar, use a small board studded with a large number of nails; it is also possible to use a sugar spinning tool. Dip the sugar spinning tool or the board of nails into the hot sugar and fling it thinly onto baking paper.

This finely spun sugar should be stored immediately in an air-tight container with a desiccant blue gel, as this is the only way to prevent it sticking.

Isomalt sheets (see dessert on page 291)

Melt Isomalt beads on a Silpat mat in the oven at 180° C, place another Silpat mat over this and roll over it firmly once with a wooden rolling pin. Remove both mats with the Isomalt sugar from the oven and leave to cool. Afterwards carefully pull the Silpat mats from both sides of the sugar.

Piped sugar items

With this method you can make rods, palm trees or round ornaments ... simply fill the prepared, liquid sugar into a double-layered paper piping bag and close tightly. Then pipe these colourful sugar elements onto a Silpat mat. Store in the same way as spun sugar.

Piped sugar baskets (see dessert on page 139)

There are two possible methods: One is to use a lightly oiled ladle – this should always remain cold, as the sugar would otherwise absorb the oil, making it difficult to remove the sugar basket from the ladle.
The other method is to use a rubber or silicone mat with a hemispherical shape. Turn the mat over and finely pipe the sugar lengthways and crosswise across the (non-oiled) dome.
Then press the mat inwards with a thin wooden stick to release the cold sugar basket. Store in the same way as spun sugar.

Cast sugar baskets

Slightly oil a ladle without rivets and place in the freezer. Pour some slightly cooled, viscous sugar over the ladle.
With this method you can make very imaginative baskets. Remove from the ladle immediately as soon as the sugar is cold. Store in the same way as spun sugar.

Dekor aus Zucker

Geblasener Zucker als Dekor (siehe Dessert Seite 151)

Um diesen Dekor fertigen zu können, bedarf es großer Fingerfertigkeit und man sollte zuerst das Zuckerziehen und -blasen gut beherrschen, damit keine Probleme auftauchen.

Eine schöne Idee ist es, einen zuckergeblasenen Apfel oder eine Birne als Glosche (Deckel) für ein Apfel- oder Birnensorbet oder eine Krem zu verwenden.

Das Zuckerobjekt wird geblasen und mit einem heißen, runden Ausstecher wird an der Unterseite ein Loch geschmolzen. Lagerung wie Spinnzucker.

Kristallisierte Zuckerplatten

Kalter Läuterzuckersirup (35° Be) wird 2 – 3 cm dick großflächig in eine Wanne gegossen und ganz leicht mit Speisestärke (nur einmal von Hand) bestäubt. So beschleunigt man die Oberflächenkristallisation.

Wenn sich an der Oberfläche eine geschlossene, kristallisierte Zuckerschicht gebildet hat, wird diese aufgebrochen und die einzelnen Zuckerteile werden auf Abtropfpapier zum Trocknen gegeben.

Puderzucker oder Schokoladenpulver als Dekor

Wenn man einfache, weiße oder einfarbig, bunte Teller – auch schwarze Teller – mit einem gewissen „Etwas" versetzt, lässt sich auf einfachste Weise mehr Attraktivität auf den Teller bringen.

Es werden verschiedene Schablonen geschnitten, diese legt man auf den Teller und staubt oder siebt mit Puderzucker, gefärbtem Puderzucker oder Kakaopulver darüber. Eine schöne Idee ist es, zu einem Festanlass die Glückwünsche anstatt auf den Kuchen, direkt in den Zucker zu schreiben, z. B. „Zum Geburtstag!"

Sugar decoration

Blown sugar decorations (see dessert on page 151)

Great skill is required to make this type of decoration, and you should have a certain level of proficiency at pulling and blowing sugar to avoid any problems.

An attractive idea is to use a blown sugar apple or pear as a cover for an apple or pear sorbet or a cream dessert. Blow the sugar object and melt a hole on the underside with a hot, round cutter. Store in the same way as spun sugar.

Crystallised sugar sheets

Pour cold sugar syrup (35° Be) to a thickness of 2 – 3 cm in a large pan and very lightly (only once by hand) dust with cornflour. This accelerates surface crystallisation. When a continuous, crystallised sugar layer has formed on the surface, break it up and place the individual sugar pieces onto baking paper to dry.

Icing sugar or chocolate powder as decoration

If you add that "extra something" to simple, white plates or plain-coloured – also black – plates, it is very simple to make the dish much more attractive.

Cut out different templates, place these on the plate and sift icing sugar, coloured icing sugar or cocoa powder over these. One appealing idea is to write congratulations and best wishes directly into the sugar instead of on the cake – perhaps for a birthday celebration?

Dekor aus Gebackenem

Leider ist dieser Dekor in den letzten Jahren nur noch in wenigen Patisserien gefertigt worden, weil gerade Zuckerdekor „in“ ist.

Hippendekor

Wann spricht man von Hippe?
Grundsätzlich unterscheidet man zwei verschiedene Arten von Hippe: die richtige Hippenmasse und die falsche Hippenmasse.

Was ist eine richtige Hippenmasse?
Von einer richtigen Hippenmasse spricht man, wenn in dieser Masse ein Mandelanteil (geriebene Mandeln) oder Marzipan enthalten ist.

Ornamente und Ideen für Hippendekor

Hippenmasse
100 g Marzipan
70 g Puderzucker
30 g Mehl
60 – 70 g Sahne
10 g Eiweiß
Zitronengeschmack

Falsche Hippenmasse
1 Ei (ca. 50 g)
50 g Puderzucker
50 g Mehl
Vanille oder Zitronengeschmack

Doch Hippendekor oder Brandteigdekor ist ebenso interessant und attraktiv wie Zucker- oder Schokoladendekor.

Von einer falschen Hippenmasse (auch Gleichschwer-Masse genannt) spricht man, wenn der Mandelanteil oder das Marzipan fehlt.

Wann soll man welche Masse verwenden?
Die richtige Hippenmasse verwendet man, wenn man mit Hilfe einer Schablone dünne Teile (Ornamente) auf ein gefettetes und mit Mehl bestäubtes Backblech oder Silpatmatte aufstreichen möchte und diese beim Backen nicht verlaufen dürfen.

Für alle Hippenrezepte gilt: Sämtliche Zutaten vermengen und glatt rühren, durch ein Sieb streichen und mindestens 30 Minuten vor Gebrauch im Kühlschrank ruhen lassen.

Die falsche Hippenmasse, die etwas flüssiger ist, wählt man, wenn man den Hippendekor mit Hilfe eines Spritzbeutels auf das gefettete und mit Mehl bestäubte Backblech spritzen möchte.

Gleiche Zubereitung wie bei richtiger Hippenmasse.

Baked decoration

In recent years this type of decoration has unfortunately vanished somewhat from pastry circles, as everyone thought that they would only be regarded as "contemporary" if they were able to create a decoration of sugar. However, hippen paste or choux pastry decoration is just as interesting and attractive as sugar or chocolate decoration.

Hippen paste decoration

What exactly is hippen paste?
There are two basic types of hippen paste; true hippen paste and false hippen paste.

What is a true hippen paste?
A true hippen paste contains ground almonds or marzipan. A false hippen paste does not contain any almonds or marzipan.

When should you use which?
Use the true hippen paste if you wish to spread thin sections (ornaments) with the aid of a template onto a greased baking sheet or Silpat mat which has been dusted with flour, and if you want to prevent these losing their shape during baking.

Ornaments and ideas for hippen paste decoration

For all hippen paste recipes the following applies: Combine all ingredients and mix until smooth, rub through a sieve and leave to rest for at least 30 minutes in the refrigerator before use.

Hippen paste

100 g marzipan
70 g icing sugar
30 g flour
60 – 70 g cream
10 g egg white
lemon flavouring

Use the false hippen paste, which has a slightly thinner consistency, if you wish to pipe the decoration onto the greased and dusted baking sheet with a piping bag.

Prepare the mixture in the same way as the true hippen paste.

False hippen paste

1 egg (approx. 50 g)
50 g icing sugar
50 g flour
vanilla or lemon flavouring

Dekor aus Gebackenem

Die gefärbte Hippenmasse

Man kann die Hippenmasse unterschiedlich gestalten, wenn man etwas Farbe in die gebackenen Teile einbringt Entweder man gibt ganz wenig Kakaopulver bei und erhält eine dunkle Hippenmasse oder man gibt etwas Farbstoff dazu und schon erhält man einen farbigen Hippendekor.

Das richtige Backen des Hippendekors:

Grundsätzlich wird die Hippenmasse bei 160° C gebacken; wichtig ist jedoch, dass diese durch zweimaliges Backen hergestellt wird. Wird sie nur einmal gebacken, so gibt es unterschiedlich braune Flecken, bei zweimaligem Backen kann man diese Fleckenbildung fast komplett verhindern. Wie macht man's? Die Masse leicht anbacken, herausnehmen, abkühlen lassen und noch einmal backen. Wenn die Masse gleichmäßig dick aufgestrichen ist, gibt es nach dem zweiten Backen keine Backflecken mehr. Sehr trocken lagern.

Falsche Butter-Hippe

65 g Butter
45 g Glucose 45° Be
45 g Zucker
45 g Mehl
10 g fein gehackte Orangenschale

Die sehr weiche Butter mit all den anderen Zutaten vermischen und mindestens eine Stunde im Kühlschrank ruhen lassen.
Diese Masse empfiehlt sich besonders für dünne Spiralen oder Stäbchen.

Tuilles

200 g Mandeln
200 g Zucker
60 g Mehl
20 g Orangenschale
3 cl Orangensaft
140 g Butter

Sämtliche Zutaten mit der sehr weichen Butter vermengen und mindestens eine Stunde im Kühlschrank ruhen lassen.

Coloured hippen paste

The hippen paste can be used for different designs if you colour these baked decorations. Either add a very small quantity of cocoa powder to obtain a dark mixture, or use a little colouring for a bright effect.

How to bake hippen paste correctly:

Hippen paste should always be baked at 160° C; it is, however, important that it is baked twice. If it is only baked once it will have brown marks, but if it is baked twice the formation of these marks can be prevented almost completely. Proceed as follows: Bake the mixture slightly, remove from the oven, leave to cool and bake once more. If the mixture has been spread to an equal thickness, the baking marks disappear when the hippen paste has been baked twice. Always store in a very dry place.

False butter hippen paste

65 g butter
45 g glucose 45° Be
45 g sugar
45 g flour
10 g finely chopped zest of an orange

Mix the very soft butter with all the other ingredients and leave to stand for at least one hour in the refrigerator.
This mixture is particularly suitable for thin spirals or rods.

Tuilles

200 g almonds
200 g sugar
60 g flour
20 g orange zest
3 cl orange juice
140 g butter

Mix all ingredients with the very soft butter and leave to rest for at least one hour in the refrigerator.

Dekor aus Gebackenem

Brandteig
2,5 dl Milch
50 g Butter
50 g Schweinefett
150 g Mehl
1 Prise Salz
5 Eier

Brandteigdekor

Auch mit Brandteig läßt sich ein schöner Dessertdekor fertigen.

Milch und Butter, Fett und Salz zum Kochen bringen; danach Mehl einrühren, gut abrösten und vom Feuer nehmen. Wenn die Masse auf unter 50° C abgekühlt ist, werden die Eier eingerührt. Die Masse eine Stunde im Kühlschrank lagern, dann aufarbeiten und bei 220° C backen.

Wie wird Brandteil verwendet?
Entweder man spritzt mit der Brandteigmasse klassische Profiteroles, Eclairs oder einen Schwan, der später für ein Dessert gefüllt wird. Oder aber man spritzt auf ein mit Fett beschichtetes Backpapier Ornamente und frittiert sie in heißem Fett oder Öl. Beim Frittieren das Papier nach oben und die Masse unten ins Fett geben (Vorsicht: Verbrennungsgefahr!).

Körbchen aus Brandteigmasse

Ein fettbeschichtetes Backpapier um ein Aluminiumrohr (Ø 4 cm) drehen und mit Butter oder Eiweiß zusammenkleben. Auf das Papier nun fein den Brandteig spritzen. Das ganze Rohr mit Papier und gespritztem Teig so lange in das heiße Fett oder Öl tauchen, bis der Teig goldbraun gebacken ist. (Vorsicht: Verbrennungsgefahr!)

Chinesische Glasnudeln als Dessert-Dekor

Chinesische Glasnudeln ermöglichen auf schnellstmögliche Weise einen brauchbaren Dekor zu fertigen.

Man kauft im Asienmarkt Glasnudeln und gibt kleine, trockene Glasnudelteile in heißes Fett oder Öl und frittiert diese (Vorsicht: Verbrennungsgefahr!). Dabei explodieren sie und daraus formt sich ein schöner Dekor. Nach 3 – 5 Sekunden Frittieren den Dekor aus dem Fett schöpfen und mit Puderzucker oder Kakaopulver bestäuben.

Man kann diesen Dekor auch mit Hilfe einer Sprühpistole mit Schokolade besprühen.

Dieser Dekor eignet sich besonders auf Kremen, Früchten, Kompotten, Eis oder man klebt ihn als Schokoladendekor auf den Teller.

Choux pastry decoration

Very attractive dessert decorations can also be made with choux pastry.

Bring the milk and butter, fat and salt to a boil, then stir in the flour, cook well and remove from the heat. When the mixture has cooled to below 50° C, add the eggs. Leave the mixture to cool in the refrigerator for one hour, then prepare the decorations and bake at 220° C.

Choux pastry

2.5 dl milk
50 g butter
50 g pork fat
150 g flour
1 pinch of salt
5 eggs

How is choux pastry used?
This pastry can be piped to make classic profiteroles, eclairs or a swan, which is then later filled to make a dessert. It is also possible to pipe ornaments onto greased baking paper and deep fry them in hot fat or oil. When deep frying always keep the paper at the top and the mixture at the bottom in the fat (caution – danger of burns!).

Basket of choux pastry:

Roll greased baking paper around an aluminium tube (Ø 4 cm) and stick together with butter or egg white. Then finelv pipe the choux pastry onto the paper. Dip the entire tube with paper and piped pastry into the hot fat or oil until the pastry has been baked golden-brown (caution – danger of burns!).

Chinese glass noodles as a dessert decoration

Chinese noodles are a fast way of making an attractive decoration.

These glass noodles can be obtained from an Asian food shop. Place small, dry pieces of the noodles into hot fat or oil and deep fry them (caution – danger of burns!). The noodles then explode and create a special, attractive effect for decoration. After 3 – 5 seconds remove the decoration from the fat and dust with icing sugar or cocoa powder.

This decoration can also be sprayed with chocolate with a spray gun.

It is especially suitable for decorating creams, fruit, compote or ice-cream, and it can also be attached to the plate as a chocolate decoration.

Meringuedekor

In den meisten Küchen, Patisserien oder Backstuben gibt es einen Eiweißüberschuß; der folgende Dekor bietet die Möglichkeit, diesen Eiweißüberschuß zu verwerten.

Meringuemasse
3 Eiweiß
120 g Kristallzucker
110 g Puderzucker
10 g Stärke

Eiweiß mit Kristallzucker zu einem steifen Schnee schlagen; danach den Puderzucker und die Stärke vermischen und vorsichtig unter die Schneemasse ziehen.

Die fertige Meringuemasse spritzt man als Stäbchen auf Backtrennpapier oder eine Silpatmatte; die Meringuemasse wird auf umgedrehte Flexipanmatten gespritzt; auf diese Weise erhält man schöne Körbchen.

Die Merninguemasse bei 80° C im Ofen mindestens 8 Stunden trocknen.

Tipp: Im Übrigen läßt sich die Meringuemasse gut einfärben oder vor dem Trocknen mit buntem Streuselzucker oder gehackten Nüssen bestäuben.

Meringue decoration

Egg whites are often left over in most kitchens, patisseries and bakeries, and the following decoration is a handy way of using them up.

Meringue mixture:

3 egg whites
120 g refined sugar
110 g icing sugar
10 g cornflour

Whip the egg whites with the sugar until stiff, then mix the icing sugar and cornflour and carefully fold into the egg whites.

Pipe the prepared meringue mixture as rods onto baking paper or a Silpat mat; the mixture can also be piped onto upside-down Flexipan mats to make attractive baskets.

Dry the meringue mixture at 80° C in the oven for at least eight hours.

Tip: The meringue mixture can also be easily coloured or dusted with coloured granulated sugar or chopped nuts before drying.

Kompott und Ragout

Was ist was?

Wann spricht man von einem Kompott und wann von einem Ragout?

Kompott

Ein Fruchtkompott bezeichnet man nur dann als Kompott, wenn die Frucht heiß oder kalt übergossen und nicht mehr aufgekocht wird.

Ragout

Ein Fruchtragout bezeichnet man nur dann als Ragout, wenn die Frucht mit dem Saft gekocht wird.

Kumquatragout
500 g Kumquats
200 g Zucker
1,5 dl Weißwein
1,5 dl Wasser
2 cl Rum
20 g Pistazienkerne

Kumquats, auch Zwergorangen genannt, waschen und in 3 – 5 mm dicke Scheiben schneiden und entkernen. Danach mit Zucker, Weißwein, Wasser und Rum ca. 15 Minuten lang kochen (Fadenprobe oder 107° C); erst dann die grob gehackten Pistazienkerne beigeben.

Orangenkompott
100 g Zucker
1 Zitrone
10 Orangen
1 cl Grand Marnier
1 cl Whisky
2 cl Cointreau
4 cl Grenadine
1 EL Stärke
3 EL Wasser

2 – 3 Orangen heiß waschen. Mit einem Juliennereißer von den Orangen die Schale in Julienne herunterziehen und aufbewahren. 8 Orangen filetieren, den Rest der filetierten Orangen und 2 ganze Orangen gut auspressen. Filets und Saft extra aufbewahren.

Den Saft der Zitrone mit etwas Zucker aufkochen, den restlichen Zucker löffelweise zugeben, bis das Ganze goldgelb karamellisiert ist. Den karamellisierten Zucker langsam mit heißem Orangensaft ablöschen, Grand Marnier, Whisky und Cointreau dazugeben und mit in Wasser angerührter Stärke gut abbinden. Die nun heiße Soße über die Orangenfilets gießen, Orangenjulienne mit Grenadine einige Minuten gut einkochen und ebenfalls über die Filets gießen.

Ein guter Tipp: Im Winter Blutorangen für einen schönen Farbeffekt verwenden.

Compote and ragout

What is what?

When do you say compote and when ragout?

Compote

A fruit compote is only referred to as such when a hot or cold liquid is poured over the fruit without subsequent boiling.

Ragout

A fruit ragout is only then referred to as such when the fruit is cooked with the juice.

Wash the kumquats, which are sometimes called dwarf oranges, and cut them into slices with a thickness of 3 – 5 mm and remove the seeds. Then boil with sugar, white wine, water and rum for approximately 15 minutes (until the mixture reaches the fine thread stage or 107° C); only then add the coarsely chopped pistachios.

Kumquat ragout

500 g kumquats
200 g sugar
1.5 dl white wine
1.5 dl water
2 cl rum
20 g shelled pistachios

Wash two to three oranges with hot water. With a julienne cutter cut thin julienne strips from the peel of the oranges and put to one side. Fillet eight oranges, extract the juice of the rest of the filleted oranges and two whole oranges. Put the fillets and juice to one side.

Boil the juice of the lemon with a little sugar, add the remaining sugar one spoonful at a time until the mixture has caramelised to a golden yellow colour. Slowly add the hot orange juice to the caramelised sugar, pour in the Grand Marnier, whisky and Cointreau and bind well with cornflour which has been mixed with water. Then pour the hot sauce over the orange fillets, boil the orange julienne and Grenadine well for several minutes and also pour over the fillets.

A useful tip: In winter use blood oranges for an attractive colour effect.

Orange compote

100 g sugar
1 lemon
10 oranges
1 cl Grand Marnier
1 cl whisky
2 cl Cointreau
4 cl Grenadine
1 dsp cornflour
3 dsp water

Kompott und Ragout

Grapefruitkompott

4 rosa Grapefruits
80 g Zucker
3 cl weißer Rum
1 Prise Muskat
1 dl halbgeschlagene Sahne

Die Grapefruits filetieren und den Rest der Grapefruits gut auspressen. Die Grapefruitfilets mit Zucker und Rum marinieren, den ausgepressten Saft beigeben und 3 – 4 Stunden ruhen lassen (öfter umrühren).
Die Marinade von den Filets abgießen, auf ein Viertel reduzieren und abkühlen lassen. Die halbgeschlagene Sahne unter die Marinade ziehen und mit Muskat abschmecken. Das Ganze mit den Filets vermischen.

Rhabarberkompott

450 g Rhabarber
150 g Zucker
1 Zimtstange
1 Vanilleschote
2 EL Apfelsaft
2 EL Himbeersirup
50 g Honig
1 cl Himbeergeist
10 g Stärke

Rhabarber schälen, in gleich große, dicke Stücke schneiden und erst dann abwiegen. Gewürze in eine Schüssel geben, Rhabarberstücke dazu legen und mit Zucker bestreuen. Das Ganze abgedeckt bei 80° – 90° C zwei bis drei Stunden ruhen lassen (dabei zieht der Zucker den Saft aus den Rhabarberstücken). Die Rhabarberstücke aus dem Saft nehmen, zum Fond Gewürze, Apfelsaft, Himbeersaft und Honig beigeben und zum Kochen bringen. Die Soße 2 – 3 Minuten kochen und dann mit in Himbeergeist aufgelöster Stärke leicht abbinden und passieren. Die Soße im lauwarmen Zustand über die Rhabarberstücke leeren und abkühlen lassen.

Preiselbeerkompott

300 g Preiselbeeren
150 g Kristallzucker
1 Prise Zimtpulver
1 Schuß Rum
40 g Crème fraîche

Die Preiselbeeren aussuchen und mit kaltem Wasser gut waschen. Dann die Beeren und Zucker mit einem Handmixer so lange durchrühren, bis sich der Zucker vollständig aufgelöst hat. Das Ganze mit Zimtpulver, Rum und Creme fraîche abschmecken.

Ein guter Tipp: Dieses Kompott kann man auch auf Vorrat herstellen. Preiselbeeren und Zucker anrühren wie beim Kompott, jedoch ohne Zimtpulver, Rum und Creme fraîche. Das Ganze in ein Steingefäß füllen und abgedeckt kaltstellen. Diese Preiselbeermasse eignet sich auch hervorragend für Wildgerichte.

Fillet the grapefruit and squeeze the juice from the rest of the grapefruit. Marinate the grapefruit in sugar and rum, add the squeezed juice and leave to stand for three to four hours (stir frequently).
Pour the marinade off the fillets, reduce the liquid to one quarter and leave to cool. Fold the semi-whipped cream into the marinade and add nutmeg to taste. Mix the sauce with the fillets.

Grapefruit compote

4 pink grapefruit
80 g sugar
3 cl white rum
1 pinch of nutmeg
1 dl semi-whipped cream

Peel the rhubarb, cut into large, thick chunks of equal size and then weigh the required quantity. Place the spices into a bowl, add the rhubarb chunks and sprinkle with sugar. Cover and leave to stand at 80 – 90° C for two to three hours. The sugar then draws out the juice from the rhubarb chunks. Remove the rhubarb chunks from the juice, add spices, apple juice, raspberry juice and honey and boil. Boil the sauce for two to three minutes and then slightly bind it with cornflour dissolved in the white raspberry brandy before straining. Pour the sauce over the rhubarb chunks while still lukewarm and then leave to cool.

Rhubarb compote

450 g rhubarb
150 g sugar
1 stick of cinnamon
1 vanilla pod
2 dsp apple juice
2 dsp raspberry syrup
50 g honey
1 cl white raspberry brandy (Himbeergeist)
10 g cornflour

Sort the cranberries and wash carefully with cold water. Then mix the berries and sugar with a hand mixer until the sugar has dissolved completely. Add cinnamon, rum and crème fraîche to taste.

A useful tip: You can make larger quantities of this compote for later use. Mix the cranberries and sugar as in the recipe, but without cinnamon, rum and crème fraîche. Place the mixture into a stoneware jar, cover and keep in a cold place. This cranberry mixture is also very suitable as an accompaniment to game.

Cranberry compote

300 g cranberries
150 g refined sugar
1 pinch of ground cinnamon
1 dash of rum
40 g crème fraîche

Kompott und Ragout

Holunderkompott

70 g Zucker
2,5 dl Holundersaft
1/2 Orange
1/2 Zitrone
1 Nelke
1/2 Zimtstange
1/2 Vanilleschote
5 cl Pflaumensaft
3 – 4 Apfelspalten
1 TL Stärke
150 g Holunderbeeren

Den Zucker goldbraun karamellisieren und mit dem Holundersaft langsam ablöschen. Orangensaft und Schale, Zitronensaft und Schale, die Gewürze, Pflaumensaft und Apfelspalten dazugeben und 3 – 4 Min. köcheln lassen. Vom Feuer nehmen und 10 – 15 Minuten ziehen lassen. Das Ganze passieren, den Saft nochmals aufkochen und mit in Wasser angerührter Stärke leicht abbinden. Über die Beeren gießen und abkühlen lassen.

Ein guter Tipp: Dasselbe lässt sich gut mit Heidelbeeren zubereiten.

Kirschkompott

2,5 dl spritziger Rotwein
1,5 cl roter Portwein
100 g Zucker
2,5 cl Grenadine
1/2 Zitrone (Saft)
1/4 Orange (Saft)
1 cl Kirschwasser
1/4 Zimtstange
1/4 Vanilleschote
ca. 10 g Stärke
3 – 4 EL Wasser
400 – 500 g entkernte Kirschen

Rotwein, Portwein, Zucker, Grenadine, Saft der Orange und Zitrone, Kirschwasser, Zimtstange und das Mark der Vanilleschote aufkochen und 1 – 2 Minuten reduzieren lassen. Stärke mit Wasser anrühren und die kochende Soße leicht sämig abbinden.
Die noch heiße Soße über die entkernten Kirschen gießen, mit Plastikfolie zudecken und abkühlen lassen.

Caramelise the sugar until it is golden brown and slowly add the elderberry juice. Add the orange juice and zest, lemon juice and zest, the spices, plum juice and apple slices and stew for 3 – 4 minutes. Remove from the heat and leave to stand for 10 – 15 minutes. Strain the mixture, boil the juice once more and bind slightly with cornflour dissolved in water. Pour over the berries and leave to cool.

A useful tip: This recipe is also suitable for blueberries.

Elderberry compote

70 g sugar
2.5 dl elderberry juice
1/2 orange
1/2 lemon
1 clove
1/2 stick of cinnamon
1/2 vanilla pod
5 cl plum juice
3 – 4 slices of apple
1 tsp cornflour
150 g elderberries

Boil the red wine, port, sugar, Grenadine, orange and lemon juice, kirsch, cinnamon and the flesh of the vanilla pod and reduce for 1 – 2 minutes. Mix the cornflour with the water and thicken the boiling sauce slightly.
Pour the hot sauce over the stoned cherries, cover with plastic film and leave to cool.

Cherry compote

2.5 dl sparkling red wine
1.5 cl red port
100 g sugar
2.5 cl Grenadine
1/2 lemon (juice)
1/4 orange (juice)
1 cl kirsch
1/4 stick of cinnamon
1/4 vanilla pod
approx. 10 g cornflour
3 – 4 dsp water
400 – 500 g stoned cherries

Kompott und Ragout

Aprikosenkompott

6 mittelgroße, reife Aprikosen
5 dl Weißwein
1 dl Aprikosenlikör
ca. 80 g Palmzucker
(je nach Süße der Aprikosen)
2 – 3 EL Wasser
1 EL Stärke

Zuerst werden die gewaschenen Aprikosen halbiert und entsteint; dann in kochenden Wein gelegt und nach einer halben Minute wieder herausgenommen und in Eiswasser gelegt. Die Haut läßt sich jetzt gut abziehen (blanchieren). Die Aprikosenhaut zum Wein zurückgeben und alles mit dem Likör und Zucker gut einkochen lassen. Passieren und mit in Wasser angerührter Stärke zu einer sämigen Soße abbinden und heiß über die Aprikosen gießen.

Backpflaumenkompott
1. Tag

3,5 dl Rotwein
500 g Backpflaumen (entsteint)
2 Nelken
1 Vanilleschote
1 Zimtstange
50 g Zucker
50 g Honig

Am Vortag Rotwein, Gewürze, Zucker und Honig aufkochen und heiß über die entsteinten Backpflaumen gießen. Gut verschlossen bei Zimmertemperatur über Nacht ruhen lassen.

2. Tag

3 dl Rotwein
80 g Zucker
1/2 Orangen (Saft)
1/2 Zitronen (Saft)
20 g Stärke
5 cl Rotwein

Am nächsten Tag die Backpflaumen aus der Marinade nehmen. Zur Marinade restlichen Rotwein, Zucker, Orangen- und Zitronensaft beigeben und zum Kochen bringen. Das Ganze mit in Rotwein angerührter Stärke gut abbinden und passieren. Heiß über die Backpflaumen gießen.

First cut the washed apricots in half and remove the stones, then place into the boiling wine, remove after half a minute and place in iced water. The skin can then be easily removed (blanching). Put the apricot skins back into the wine and heat the mixture with the liqueur and sugar so that it thickens. Strain and add cornflour mixed with water to thicken the sauce and then pour it over the apricots while still hot.

Apricot compote

6 medium-sized, ripe apricots
5 dl white wine
1 dl apricot liqueur
approx. 80 g palm sugar
(depending on the sweetness
of the apricots)
2 – 3 dsp water
1 dsp cornflour

One day beforehand boil the red wine, spices, sugar and honey and pour the hot mixture over the stoned prunes. Place in a tightly sealed container and leave to stand at room temperature overnight.

Prune compote
Day 1:

3.5 dl red wine
500 g stoned prunes
2 cloves
1 vanilla pod
1 stick of cinnamon
50 g sugar
50 g honey

Day 2:

3 dl red wine
80 g sugar
1/2 orange (juice)
1/2 lemon (juice)
20 g cornflour
5 cl red wine

The next day remove the prunes from the marinade. Add the remaining red wine, sugar, orange and lemon juice to the marinade and bring to a boil. Bind the mixture with cornflour mixed with red wine and strain. Pour over the prunes while still hot.

Dörrbirnenkompott
1. Tag

24 Dörrbirnen / Kletzen
5 dl süßlichen Weißwein
1 Vanilleschote
1 Zimtstange
50 g Honig

2. Tag

80 g Palmzucker
1/2 Orange
1/2 Zitrone
15 g Stärke
1 dl süßlicher Weißwein

Am Vortag Weißwein, Gewürze und Honig aufkochen und heiß über die Dörrbirnen gießen. Gut verschlossen bei Zimmertemperatur über Nacht stehen lassen.

Am nächsten Tag die Dörrbirnen aus der Marinade nehmen. Der Marinade den Zucker, die Schale und den Saft von Orange und Zitrone beigeben und zum Kochen bringen. Das Ganze mit in Weißwein angerührter Stärke gut abbinden. Lauwarm passiert über die Dörrbirnen leeren.

Birnen- oder Apfelkompott

4 mittlere Birnen / Äpfel
8 cl Zuckersirup
1 EL Ingwer (Julienne)
4 cl Weißwein
5 cl Birnengeist / Calvados
3 cl Zitronensaft

Die Birnen entstielen, schälen, entkernen und in ca. 5 mm dicke Spalten schneiden. Zuckersirup mit fein geschnittenen Ingwerstreifen aufkochen. Weißwein und Birnengeist beigeben und lauwarm mit Zitronensaft über die Birnenspalten gießen. Das Ganze mit einem Tuch abgedeckt bei Zimmertemperatur 2 – 3 Stunden ziehen lassen.

Mandarinenkompott

80 g Honig
1 Zitrone
6 cl Mandarinenlikör
10 Mandarinen (kernlos)
3 EL Wasser
1 TL Stärke

6 Mandarinen filetieren; die Filets beiseite stellen und den Mandarinenrest sowie die 4 übrigen Mandarinen gut auspressen. Den Saft der Zitrone mit dem Honig zum Kochen bringen und dann den Honig mit dem Mandarinensaft langsam ablöschen. Likör dazugeben und mit in Wasser angerührter Stärke abbinden. Die heiße Soße über die Filets gießen und auskühlen lassen. Vorsicht: Manderinenfilets fallen leicht auseinander.

On the previous day boil the white wine, spices and honey and pour over the dried pears while still hot. Place in at tightly sealed container and leave to stand at room temperature overnight.

The next day remove the pears from the marinade. Add the sugar, the zest and the juice of the orange and lemon to the marinade and bring to the boil. Bind the mixture well with cornflour mixed with white wine. Strain and pour over the dried pears while still lukewarm.

Dried pear compote
Day 1:

24 dried pears
5 dl sweetish white wine
1 vanilla pod
1 stick of cinnamon
50 g honey

Day 2:

80 g palm sugar
1/2 orange
1/2 lemon
15 g cornflour
1 dl sweetish white wine

Remove the stems of the pears, peel, remove the cores and cut into slices of approximately 5 mm thickness. Boil the sugar syrup with the finely cut ginger strips. Add the white wine and Calvados and pour over the pear slices with lemon juice while still lukewarm. Cover with a cloth and leave to stand at room temperature for two to three hours.

Pear or apple compote

4 medium-sized pears / apples
8 cl sugar syrup
1 dsp ginger (julienne)
4 cl white wine
5 cl Calvados
3 cl lemon juice

Fillet six mandarins; place the fillets to one side and squeeze the juice from the rest of the mandarins and the four remaining mandarins. Bring the lemon juice and the honey to the boil and then slowly add the mandarin juice. Add the liqueur and bind with cornflour mixed with water. Pour the hot sauce over the fillets and leave to cool. Caution: Mandarin fillets break into pieces easily.

Mandarin compote

80 g honey
1 lemon
6 cl mandarin liqueur
10 mandarins (seedless)
3 dsp water
1 tsp cornflour

Ananaskompott

1 mittlere Ananas
5 cl Kirschwasser
3 dl Vanillesoße (Rezept Seite 50)
1 Prise Zucker
1 TL rosa Pfeffer

Die Ananas schälen, die Mittelachse herausschneiden und die Frucht mit einem Messer in kleine Würfel teilen. Die Fruchtwürfel mit Kirschwasser marinieren und einige Zeit ziehen lassen. Sollten die Ananasstücke für Ihren Geschmack nicht süß genug sein, so geben Sie etwas Puderzucker dazu. Damit die Flüssigkeit ablaufen kann, die Ananaswürfel auf einem Sieb gut von der Marinade abtropfen lassen. Die Ananasmarinade mit rosa Pfeffer bis auf die Hälfte einkochen. Vanillesoße beigeben und mit den Ananasstücken vermischen.

Feigenkompott

6 große, grüne, feste Feigen
300 g Cassispüree / Saft
80 g Honig flüssig
2 dl roter Portwein
1/2 Orange
1/2 Zimtstange
2 Nelken
2 cl Rum 80 %
etwas Stärke

Die Feigen schälen und halbieren, mit einer Nadel leicht stupfen und dann in einen passenden Topf legen. In einem anderen Topf Cassispüree, Honig, Portwein, Saft und Reste der Orange, Zimtstange, Nelken und Rum miteinander aufkochen und über die Feigen gießen. Das Ganze 30 Min. im Backofen bei 140° C schmoren lassen. Die Feigen vorsichtig herausnehmen und warm stellen; die Soße mit Stärke leicht abbinden und passieren, dann wieder über die Feigen gießen.

Peel the pineapple, remove the core and cut the fruit into small chunks with a knife. Marinate the chunks in kirsch and leave to stand for some time. If the pineapple chunks are not as sweet as you would like, add icing sugar to taste. Drain the marinade well from the pineapple chunks by putting them in a sieve. Boil the pineapple marinade with red pepper until it has been reduced by half. Add the vanilla sauce and mix with the pineapple pieces.

Pineapple compote

1 medium-sized pineapple
5 cl kirsch
3 dl vanilla sauce (recipe page 50)
1 pinch of sugar
1 tsp red pepper

Peel and halve the figs, prick them lightly with a needle and then place in a suitable pan. In a different pan boil the blackcurrant purée, honey, port, juice and the remaining orange, cinnamon, cloves and rum and pour over the figs. Leave the mixture to stew in the oven for half an hour at 140° C. Carefully remove the figs and keep warm; bind the sauce slightly with cornflour and strain and then pour back over the figs.

Fig compote

6 large, green, firm figs
300 g blackcurrant purée / juice
80 g liquid honey
2 dl red port
1/2 orange
1/2 stick of cinnamon
2 cloves
2 cl rum 80 percent proof
a small amount of cornflour

Soße

Grundsätzlich unterscheidet man zwischen zwei verschiedenen Arten von Soßen: Kremsoßen und Fruchtsoßen.

Was ist wichtig?

Alle Soßen, die man für Desserts herstellt und verwendet, sollten in der Konsistenz einigermaßen gleich beschaffen sein. Dies erleichtert das Anrichten mit verschiedenen Soßen, speziell wenn Muster ineinander gezogen werden sollen.

- Die Soßen sollten eine natürliche Farbe haben.
- Die Soßen sollten frisch sein und auch so aussehen.

Kremsoßen:
Hier unterscheidet man fünf verschiedene Arten

- mit Eigelb gebundene Soßen
- mit Eiweiß gebundene Soßen
- mit Stärke gebundene Soßen
- mit Zucker gebundene Soßen
- mit Schokolade gebundene Soßen

Vanillesoße 1
5 dl Milch
60 g Zucker
5 Eigelbe
1 Vanilleschote

Zucker, Eigelbe und Mark der Vanilleschote verrühren und kochende Milch darüber gießen. Weiter im Wasserbad bis auf 85° C erhitzen, passieren und in Eiswasser abkühlen.

Vanillesoße 2 (auch für Bankette geeignet)
1 l Milch
2 Eier
140 g Zucker
30 g Stärke
1 Vanilleschote

Ei, Zucker, Stärke, Mark der Vanilleschote und 1 dl Milch verrühren, die restliche Milch zum Kochen bringen und in die Eimasse gießen. Im Wasserbad auf 85° C erhitzen, passieren und in Eiswasser abkühlen.

Braune Mokkasoße
3 dl Espresso
2 dl Sahne
65 g Zucker
5 Eigelbe
2 cl Kaffeelikör

Zucker und Eigelbe verrühren und kochende Sahne mit Espresso darüber gießen. Im Wasserbad bis auf 85° C erhitzen, passieren und in Eiswasser abkühlen. Erst jetzt mit Kaffeelikör verfeinern.

Sauce

There are two basic types of sauce – cream sauces and fruit sauces.

What is important?

All sauces which you make and use for desserts should be of a similar consistency. It is then easier to arrange the dessert with different sauces, especially if interlacing patterns are planned.

- The sauces should have a natural colour.
- They should be fresh and also look fresh.

Creme sauces:
There are five different types of cream sauce

- Sauces bound with egg yolk
- Sauces bound with egg white
- Sauces bound with cornflour
- Sauces bound with sugar
- Sauces bound with chocolate

Vanilla sauce 1

5 dl milk
60 g sugar
5 egg yolks
1 vanilla pod

Mix the sugar, egg yolk and the flesh of the vanilla pod and pour boiling milk over the mixture. Continue to heat in a bain marie to 85° C, strain and cool in iced water.

Vanilla sauce 2 (also suitable for banquets)

1 l milk
2 eggs
140 g sugar
30 g cornflour
1 vanilla pod

Mix the eggs, sugar, cornflour, flesh of the vanilla pod and 1 dl milk, boil the rest of the milk and pour into the egg mixture. Heat in a bain marie to 85° C, strain and cool in iced water.

Brown mocha sauce

3 dl espresso
2 dl cream
65 g sugar
5 egg yolks
2 cl coffee liqueur

Mix the sugar and egg yolks and pour the boiling cream with espresso over the mixture. Heat in a bain marie to 85° C, strain and cool in iced water. Then add coffee liqueur to taste.

Soße

Marzipansoße

80 g Marzipan
4 dl Milch
3 Eigelbe
1/2 Vanilleschote
1 cl Amaretto

Marzipan, Milch, Eigelbe und das Mark der Vanilleschote im Moulinette (Mixer) klumpenfrei glatt mixen. Das Ganze im Wasserbad auf 85° C erhitzen, passieren und in Eiswasser abkühlen. Erst jetzt mit Amaretto verfeinern.

Weiße Mokkasoße

2,5 dl Milch
2,5 dl Sahne
800 g Mokkabohnen

4 Eiweiß
60 g Zucker

Die kalte Milch mit der Sahne vermengen, Mokkabohnen beigeben und das Ganze mindestens 24 Stunden ziehen lassen. So nimmt die Milchsahne nur den Geschmack, aber nicht die Farbe an. Dies läßt sich auch gut mit Ingwer, Zitronenschale oder Pfefferminze machen. Nach 24 Stunden die Aromastoffe heraus passieren und nun Eiweiß mit Zucker beimengen. Das Ganze im Wasserbad auf 85° C erhitzen, passieren und in Eiswasser abkühlen.

Rotweinsoße

5 dl Burgunder Rotwein
40 g Glucose (45° Be Zuckerdichte)
100 g Zucker
4 cl Zitronensaft

Den Rotwein bis zur Hälfte einkochen, Glucose, Zucker und Zitronensaft beigeben und bis zur Fadenprobe (104° C) weiter kochen.

Honigsoße

2,5 dl Milch
2,5 dl Sahne
90 g Honig
4 Eigelbe
etwas Zimtrinde

Honig, Eigelbe und Zimtrinde vermengen und die kochende Milch und Sahne darüber leeren. Im Wasserbad bis auf 85° C erhitzen, passieren und in Eiswasser abkühlen.

Mix the marzipan, milk, egg yolks and the flesh of the vanilla pod in the blender until the mixture is smooth and without lumps. Heat the mixture in a bain marie to 85° C, strain and cool in iced water. Then round off with Amaretto.

Marzipan sauce

80 g marzipan
4 dl milk
3 egg yolks
1/2 vanilla pod
1 cl Amaretto

Mix the cold milk with the cream, add the mocha beans and leave the mixture to infuse for at least 24 hours. In this way the milk-cream mixture only absorbs the taste but not the colour. This can also be done in the same way with ginger, lemon peel or mint. After 24 hours remove the flavourings and add the egg white with sugar, heat the mixture in a bain marie to 85° C, strain and cool in iced water.

White mocha sauce

2.5 dl milk
2.5 dl cream
800 g mocca beans

4 egg whites
60 g sugar

Boil the wine until is has been reduced by half, add the glucose, sugar and lemon juice and continue to boil until the fine thread stage (104° C).

Red wine sauce

5 dl red Burgundy
40 g glucose (45° Be)
100 g sugar
4 cl lemon juice

Mix the honey, egg yolk and cinnamon and empty the boiling milk and cream over the mixture. Heat in a bain marie to 85° C, strain and cool in iced water.

Honey sauce

2.5 dl milk
2.5 dl cream
90 g honey
4 egg yolks
Small amount of cinnamon rind

Soße

Karamellsoße

200 g Zucker
8 cl Wasser
1,5 dl Sahne
1 cl Rum

Zucker und Wasser so lange kochen bis ein goldbrauner Karamell entstanden ist; nun langsam die heiße Sahne dazu gießen, passieren und mit Rum verfeinern.

Jogurtsoße

500 g Jogurt natur
90 g Puderzucker
30 g Zitronensaft

Den Jogurt mit Puderzucker und Zitronensaft vermengen.

Dunkle Schokoladensoße 1

4 dl Milch
1 dl Sahne
900 g Kuvertüre 70/30
2 cl Cognac

Milch und Sahne zum Kochen bringen und über die klein geschnittene Kuvertüre leeren. Mit Cognac verfeinern.

Dunkle Schokoladensoße 2

5 dl Wasser
10 g Kakaopulver
80 g Glucose
800 g Kuvertüre 60 / 40
2 cl Creme de Cacao (Likör)

Wasser, Kakaopulver und Glucose aufkochen und über die klein geschnittene Kuvertüre leeren. Mit Creme de Cacao verfeinern.

Boil the sugar and water until a golden brown caramel forms; then slowly pour on the hot cream, strain and flavour with rum.

Caramel sauce

200 g sugar
8 cl water
1.5 dl cream
1 cl rum

Mix the yoghurt with icing sugar and lemon juice.

Yoghurt sauce

500 g plain yoghurt
90 g icing sugar
30 g lemon juice

Boil the milk and cream and pour this over the finely chopped couverture chocolate. Flavour with the brandy.

Dark chocolate sauce 1

4 dl milk
1 dl cream
900 g couverture chocolate 70/30
2 cl brandy

Boil the water, cocoa powder and glucose and pour over the finely chopped couverture chocolate. Flavour with the Creme de Cacao.

Dark chocolate sauce 2

5 dl water
10 g cocoa powder
80 g glucose
800 g couverture chocolate 60/40
2 cl Creme de Cacao (liqueur)

Soße

Weiße Schokoladensoße

1,2 dl Sahne
150 g weiße Schokolade
2 cl Cointreau

Die Sahne aufkochen und über die klein geschnittene Schokolade gießen. Mit Alkohol verfeinern.

Praline-Nugatsoße

4 dl Milch
1 dl Sahne
600 g Nugat
2 cl Rum
1/2 Vanilleschote

Milch, Sahne und Vanilleschote aufkochen und über die fein geschnittene Nugatmasse leeren. Mit Rum verfeinern.

Fruchtsoßen

Fruchtsoßen ordentlich zuzubereiten ist eine nicht ganz einfache Sache. Jede Frucht hat einen anderen Reifegrad und somit auch einen unterschiedlichen Zuckergehalt. Daher arbeitet man bei Fruchtsoßen mit einem Grundrezept und korrigiert später beim Nachschmecken die Süße und evtl. auch die Alkoholmenge.

- Die Soßen sollten durch die richtige Zubereitung ihre natürliche Farbe beibehalten.

Die Soßen sollten durch die Zubereitung ihren natürlichen Geschmack beibehalten, das bedeutet aber auch, dass man eine Fruchtsoße nicht mit Gewürzen oder sonstigen Geschmacksträgern verfälschen sollte, sondern allenfalls solche verwendet, die den Geschmack unterstützen.

- Die Soßen sollten nicht zu süß schmecken, ansonsten geht der Geschmack am Gaumen verloren.

Fruchtsoßen

Hier unterscheidet man fünf verschiedenen Arten

- Beerensoßen
- Kernobstsoßen
- Steinobstsoßen
- natürliche Fruchtsoßen
- gebundene Fruchtsoßen

Beerensoßen

Beeren sind sehr unterschiedlich im Geschmack. Daher ist eine gute Zubereitung besonders wichtig. Beerensoßen dürfen niemals erhitzt werden, sonst verlieren sie den typischen Fruchtgeschmack und die Farbe bleicht durch das Erhitzen aus.

Beerensoße ohne Zucker: Nur pürieren und passieren und man erhält eine sehr kompakte Soße von schöner Farbe und gutem Geschmack. (Würde man Zucker beigeben, so würde der Zucker das Fruchtwasser ziehen und die Soße am Teller auslaufen.)

White chocolate sauce

1.2 dl cream
150 g white chocolate
2 cl Cointreau

Boil the cream and pour over the finely chopped chocolate. Flavour with the liqueur.

Praline-nougat sauce

4 dl milk
1 dl cream
600 g nougat
2 cl rum
1/2 vanilla pod

Boil the milk, cream and vanilla pod and pour over the finely chopped nougat. Round off the flavour with the rum.

Fruit sauces

Preparing fruit sauces properly is actually not all that simple. Each fruit has a different degree of ripeness and therefore a varying sugar content. For this reason when making fruit sauces always follow a basic recipe and taste before adjusting the sweetness and also the alcohol content if necessary.

- If the sauces are prepared properly they retain the natural colour of the fruit.

During preparation the sauces should not lose any of the natural flavour; this also means, however, that a fruit sauce should not be adulterated with spices or other flavourings, and that these should only be used to enhance the natural taste.

- Fruit sauces should not be too sweet, as the taste on the palate is then lost.

Fruit sauces:

There are five different types of fruit sauces:

- Berry sauces
- Pome fruit sauces
- Stone fruit sauces
- Natural fruit sauces
- Bound sauces

Berry sauces

The taste of berries varies widely. For this reason it is very important to prepare them correctly. Berry sauces should never be heated, as the heat destroys the typical fruit flavour and fades the colour.

Berry sauces without sugar: only purée and strain to obtain a very compact sauce with an attractive colour and tasty aroma. (If you were to add sugar it would absorb the fruit juice and the sauce would become runny on the plate.)

Soße

Beerensoße mit Zucker: Hier verwendet man grundsätzlich gefrorene Beeren; hat man nur frische Beeren zur Verfügung, so müssen sie zumindest halb angefroren werden. Warum? Durch das Gefrieren und Verarbeiten im halb gefrorenen Zustand entfalten sich Farbe und Geschmack besonders gut. Zum anderen – der wohl wichtigste Faktor ist der, dass durch den halb gefrorenen Zustand die Soße durch das Fruchteiweiß gebunden wird.

Grundrezept

500 g Beeren
60 – 80 g Puderzucker (je nach Säure der Frucht)
2 cl geeigneter Alkohol

Die Beeren halb angefrieren bzw. auftauen lassen und das Ganze mit Puderzucker und Alkohol im Mixer bei hoher Drehzahl mixen. Die Soße passieren und im Kühlschrank lagern.
Tipp: Beerensoßen, die auf diese Art zubereitet wurden, immer kühl aufbewahren, da sonst die Bindung durch das Fruchteiweiß verloren gehen kann.

Steinobstsoßen
(Steinobst bedeutet eine Frucht mit nur einem Kern)

Auch diese Art von Fruchtsoße benötigt eine besondere Zubereitungsweise. Egal ob man eine Soße aus Kirschen, Aprikosen, Pfirsichen oder Zwetschgen zubereiten möchte, würde man sie nur pürieren und passieren, würde die Oberfläche oxidieren und sich häßlich braun verfärben. Daher muß man Steinobstsoßen immer erhitzen.

Grundrezept

500 g reife Früchte
50 – 60 g Zucker
3 cl geeigneter Alkohol

Die Früchte waschen, entsteinen und vierteln (nicht schälen). Zucker und Alkohol zu den Früchten beigeben, gut durchrühren und das Ganze zugedeckt bei wenig Hitze direkt dünsten. Dabei passiert folgendes: Der Zucker entzieht der reifen Frucht den Fruchtsaft und somit dünstet sich die Frucht im eigenen Saft.
Warum nicht schälen? Durch das Dünsten werden der Schale die Vitamine, Geschmack und vor allem der Farbstoff entzogen und die Soße erhält eine besonders natürliche Note. Die weich gedünsteten Früchte werden nun passiert und nachfolgend wird die fertige Soße noch kurz gemixt, damit sie besonders fein wird.

Kernobstsoße
(Kernobst bedeutet, eine Frucht mit mehreren Kernen)

Auch für Kernobstsoßen gilt eine besondere Zubereitungsweise, weil sich nach dem Anschnitt oder Pürieren die Oberfläche braun verfärbt. Daher gilt für Äpfel, Birnen, Quitten, Mispeln oder die japanische Jaschibirne die gleiche Zubereitungsart wie bei Steinobstsoßen. Diese müssen erhitzt werden, um eine braune Oxidierung zu verhindern; allerdings werden die Früchte hier geschält.

Grundrezept

500 g reife Früchte
60 – 70 g Zucker
1 cl Zitronensaft
60 – 80 ml Mineralwasser

Die Früchte waschen, schälen, entkernen und in kleine Spalten schneiden. Zucker und Zitronensaft zu den Früchten geben, gut verrühren und das Ganze zugedeckt bei wenig Hitze direkt dünsten.

Dabei passiert folgendes: Der Zucker entzieht der reifen Frucht den Fruchtsaft und die Fruchtstücke dünsten im eigenen Saft. Die weich gedünsteten Früchte werden passiert und die nun fertige Masse wird mit Mineralwasser zur richtigen Konsistenz verdünnt. (Durch das Pektin in der Frucht würde die Masse für eine Soße zu dick anziehen, daher ist das Verdünnen notwendig.)

Berry sauce with sugar: In this case only use deep-frozen berries; if you only have fresh berries, these should be at least half-frozen.
Why? When the berries are frozen and used in a half-frozen condition the colour and taste are able to unfold particularly well. The other – most important – factor is that when the fruit is still half-frozen the sauce is bound by the fruit protein.

Basic recipe

500 g berries
60 – 80 g icing sugar (depending on the acid content of the fruit)
2 cl suitable alcohol

Semi-freeze the berries or half-defrost frozen berries and mix in a blender at a high speed with the icing sugar and the alcohol. Strain the sauce and store in the refrigerator.
Tip: Always store berry sauces which have been made with this method in the refrigerator, as the binding effect of the fruit protein can otherwise be lost.

Stone fruit sauces (stone fruit only has one kernel)

This type of fruit also requires a special method of preparation. Irrespective of whether you wish to make a dessert of cherries, apricots, peaches or plums, if you were to only purée and strain these, the surface would oxidise and turn an ugly brown colour. For this reason stone fruit sauces always have to be heated.

Basic recipe

500 g ripe fruit
50 – 60 g sugar
3 cl suitable alcohol

Wash the fruit, remove the stones and cut into quarters (do not peel). Add the sugar and the alcohol to the fruit, mix well, cover and stew over a low heat. During heating the sugar draws the juice from the ripe fruit and the fruit therefore literally stews in its own juice.
The reason why the fruit should not be peeled is that during cooking the vitamins, aroma and especially the colouring is extracted from the skin and the sauce retains a particularly natural quality. After cooking rub the stewed fruit through a sieve and then purée the sauce briefly to obtain a very fine consistency.

Pome fruit (fruit with a hard core containing seeds)

Pome fruit sauces also require a special preparation method, as this type of fruit turns brown when cut or puréed. Therefore the same method should be employed for apples, pears, quinces, medlars or the Japanese pear as for the stone fruit sauces. These must be heated to prevent brown oxidation; this type of fruit must, however, be peeled before cooking.

Basic recipe

500 g ripe fruit
60 – 70 g sugar
1 cl lemon juice
60 – 80 ml mineral water

Wash and peel the fruit, remove the cores and cut into thin slices. Add sugar and lemon juice to the fruit, mix well and stew directly in a covered pan over a low heat.

During heating the sugar draws the juice from the ripe fruit and the pieces therefore stew in their own juice. Rub the soft fruit through a sieve and dilute the finished sauce to the required consistency with mineral water. (The pulp would thicken too much for a sauce due to the pectin contained in the fruit – for this reason it has to be diluted with mineral water.)

Soße

Natürliche Fruchtsoßen

Natürliche Fruchtsoßen sind Soßen, die man auch als reine Fruchtmarksoßen oder Pulp bezeichnen kann.
Es sind Früchte, die von der Natur aus so beschaffen sind, dass sie nach dem Pürieren und Passieren die richtige Konsistenz für eine passende Soße haben.

Wichtig: Bei diesen Fruchtsoßen darf niemals Zucker oder Zuckersirup zugesetzt werden.
Der Zucker würde der Frucht den Saft entziehen und die Soße würde nach dem Anrichten auf dem Teller nach kurzer Zeit auslaufen.

Früchte zur Verwendung von natürlichen Fruchtsoßen

Sämtliche Beerenarten
Papaya
Mango
Kiwi

Gebundene Fruchtsoße

Es handelt sich hier um Früchte, die von Natur aus einen sehr hohen Wasseranteil haben. Entsaftet man diese Früchte, bekommt man einen großen Fruchtsaftanteil, wie z.B. bei Zitrus-oder Passionsfrüchten.

Um eine brauchbare Soße zu erhalten, gibt es hier zwei Möglichkeiten, diese zu binden.

1. Man bindet die Fruchtsoße mit Stärke ab. Das heißt, man gibt dem Fruchtsaft etwas Zucker und Alkohol dazu, bringt das Ganze zum Kochen und bindet es mit in Fruchtsaft, Wasser oder Weißwein angerührter Stärke ab.

Wichtig: Die Soße muß mit dem Zucker und der Stärke mindestens 2 Minuten lang kochen. Dadurch verliert sich der Stärkegeschmack und die Fruchtsoße erhält ihr Aroma zurück; außerdem erhält die Soße durch das längere Kochen mit dem Zucker einen schönen Glanz.

Bei diesem Kochvorgang bildet sich an der Oberfläche ein Schaum, den man mit einem feinen Teesieb abschäumen sollte. So verhindert man ein Trüben der Soße.

2. Man kann mit Hilfe eines Kaltbinders den Fruchtsaft zu einer brauchbaren Soße mit Zucker und Alkohol kalt binden. Jedoch fehlt bei dieser Zubereitung der Glanz der Soße und es kann durchaus vorkommen, dass man den Kaltbinder schmeckt.

Natural fruit sauces

Natural fruit sauces are those which can also be referred to as purée or pulp.
These are fruit types which have a naturally suitable consistency when puréed and rubbed through a sieve and which can be served as a sauce without further processing.

Important: With these fruit sauces never add sugar or sugar syrup.
The sugar would absorb the juice of the fruit and the sauce would quickly become runny on the plate when it is served.

Fruit which is suitable for natural fruit sauces:

All types of berries
Papaya
Mango
Kiwi

Bound fruit sauce

This type of sauce is made with fruit which has a naturally high water content. Large quantities of juice can be extracted from this fruit, such as, for example, citrus or passion fruit.

There are two possible methods for making a sauce with this fruit type.

1. You can bind the fruit sauce with cornflour. This means adding sugar and alcohol to the fruit juice, boiling the mixture and binding it with cornflour which has been mixed previously with fruit juice, water or white wine.

Important: The sauce must boil with the sugar and cornflour for at least two minutes. As a result the cornflour loses its taste and the fruit sauce regains its aroma; in addition the extra boiling time with the sugar lends the sauce an attractive gloss.

With this method scum is formed on the surface which should be removed with a fine tea strainer. This prevents the sauce turning cloudy.

2. It is also possible to use a cold binding agent to make a sauce with the fruit juice, sugar and alcohol without heating. However, if this method is used the sauce is not glossy, and it is also possible that the taste of the cold binding agent comes through.

Krem, Mousse, Mousseline, Sabayon

Dies ist ein sehr umfangreiches Kapitel, das viele Teilbereiche umfaßt. Es gibt gekochte Krems und gerührte Krems. Auch das Mousse gehört zu den Krems. Wie unterscheiden sich diese einzelnen Produkte von einander?

Wo liegt z.B. der Unterschied zwischen Krem und Mousse?

Die Antwort lautet: „Nur in der Konsistenz!"
Genauer gesagt: Eine Krem muß immer stürzfest und schnittfest sein.

Ein Mousse muß immer dressierfähig sein.
Das bedeutet, dass es immer möglich sein muß, von einem Mousse mit einem Löffel eine schöne Nocke abzudrehen und das Mousse muss man immer mit einem Spritzbeutel dressieren (spritzen) können.

Was ist ein Flammeri?

Das Flammeri, eine typisch mitteleuropäische Krem, die ihren Namen durch das Brennen einer Flamme erhalten hat, besteht immer aus einer gekochten Stärkekrem, unter die noch geschlagenes Eiweiß gezogen wird.
Niemals enthält ein Flammeri geschlagene Sahne und Gelatine, denn sonst handelt es sich um eine ganz normale, gerührte Krem.

Was ist eine gekochte Krem?

Man spricht von einer gekochten Krem, wenn die Masse ihre Bindung durch eine bestimmte Hitze erhält.

Wie z. B. eine gekochte Stärkekrem, die im Volksmund auch Pudding genannt wird. Leider ist in diesem Fall der Begriff „Pudding" komplett falsch, denn ein Pudding ist ein völlig anderes Produkt (siehe Kapitel Pudding, Seite 98). Anhand dieses Begriffs kann man erkennen, wie die Industrie die Kochkunst und speziell die Patisseriekunst verfälscht. Unter den Begriff „gekochte Krem" fällt auch das Produkt „pochierte Krem", wie z. B. Krem Karamell (mit dem Übernamen „Flan").

Mousseline – Sabayon – Schaum

Wie es der Name schon sagt, handelt es sich um sehr leichte Produkte. Die Soßemousseline oder Kremmousseline, leider etwas in Vergessenheit geraten, ist ein Produkt, das aus zwei Teilen besteht, einem flüssigen und einem festen. Beide Teile werden vermengt und es ergibt sich eine sehr leichte, halbflüssige Krem, die als „Mousseline" bezeichnet wird.

Die Sabayon ist ebenfalls ein sehr leichtes und begehrtes Produkt, das mit viel Flüssigkeit, meistens aus Wein, Eigelben und Zucker unter Hitze schaumig aufgeschlagen wird.

Der Schaum läßt sich aus der Sicht der heutigen Zeit wieder in zwei Bereiche einteilen: Ein Produkt mit vielgeschlagenem Eiweiß (frühere Vorgehensweise) und das Produkt der Neuzeit, bei dem man Flüssigkeiten mit etwas Fett oder Gelatine in Siphons (Druckbehälter) füllt und schaumig aufbläst; dieser Schaum wird als „Spumante" bezeichnet.

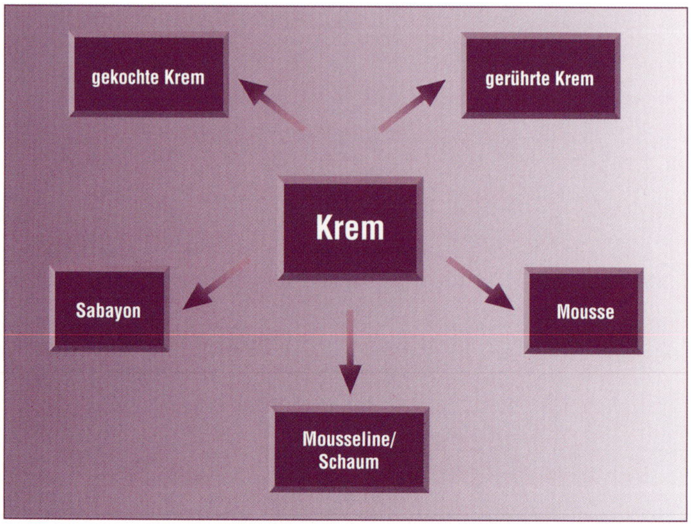

Cream, mousse, mousseline, sabayon

This chapter is very comprehensive and features a number of separate sections. There are custards and stirred creams. A mousse is also a type of cream. So what is the difference between these?

For example, what is the actual difference between a cream and a mousse?

The answer is; "Only the consistency!"
To be more precise, it must be possible to turn out a cream and cut it.

It must always be possible to pipe a mousse.
This means that it must always be possible to scoop out a nicely-shaped ball of cream with a spoon, and it must always be possible to dress a mousse with a piping bag.

What is a flamri?

A flamri, a typical central European cream, the name of which originates from "cooking over a flame", is always a custard into which whipped egg whites are folded.
Whipped cream or gelatine is never added to a flamri, as this would then be a completely normal stirred cream.

What is a custard?

A custard is a mixture which only thickens at a certain temperature.

One example is a custard cornflour cream, which some people call a pudding. This is, however, completely wrong, as a pudding is totally different (refer to the chapter on puddings, page 98). This muddle shows how industry has adulterated culinary art, and in particular patisserie. "custards" also include the "poached cream" desserts such as crème caramel (which all fall into the "flan" category)

Mousseline – sabayon – foamed desserts

As the names already suggest, these are very light products. The sauce mousseline or cream mousseline has unfortunately been forgotten, and is a product comprising two elements, one liquid and one firm. Both are combined to create a very light, semi-liquid cream which is referred to as a "mousseline".

A sabayon is also a very light and popular product, which is whipped over heat with a large amount of liquid, usually wine, egg-yolk and sugar, until it is frothy.

Then there are also foamed desserts, which can also be divided in two categories from a contemporary viewpoint. The age-old method is a product with a high content of whipped egg whites, and for the modern product a liquid is filled into a syphon with fat or gelatine and dispensed as a foam, which is also referred to as "spumante".

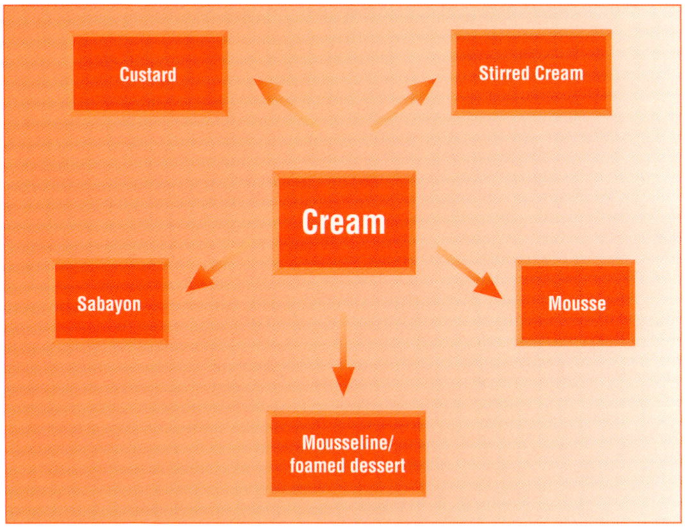

Krem, Mousse, Mousseline, Sabayon

Vanillemousseline

4 dl Milch
80 g Zucker
2 Vanilleschoten
2 Eigelbe
1 Blatt Gelatine
2 cl Whisky
4 dl Sahne

Milch mit Zucker und die der Länge nach aufgeschnittenen Vanilleschoten zum Kochen bringen. Die Eigelbe schaumig rühren und die heiße Milch darunter schlagen. Die Masse zur Rose (85° C) abziehen und passieren. Die im kalten Wasser eingeweichte Gelatine gut ausdrücken und in der warmen Vanillesoße auflösen. Die Vanillesoße abkühlen lassen und nacheinander Whisky und geschlagene Sahne unter die Soße ziehen.

Erdbeermoussline

300 g Erdbeersoße
60 g Zucker
1/2 Blatt Gelatine
2 cl Maraschino Likör
3 dl Sahne

Die Erdbeersoße mit Zucker vermengen, die eingeweichte Gelatine in Maraschino warm auflösen und unter die Erdbeersoße ziehen. Danach die geschlagene Sahne unterheben.

Glühweinsabayon

1/4 l Rotwein
1/2 Zimtstange
3 Nelken
Orangenschale
Zitronenschale
60 g Zucker
1 cl Rum
3 Eigelbe

Rotwein mit Gewürzen zu einem guten Glühwein kochen und passieren, Rum, Zucker und Eigelbe dazugeben und in einem Kessel über kochendem Wasser einige Minuten schaumig schlagen. Sofort warm servieren.

Pistaziensabayon

3 Eigelbe
2 dl Champagner
50 g Zucker
1 TL Pistazienmasse
1/2 TL geriebene Pistazien

Eigelbe, Champagner, Zucker, Pistazienmasse und die geriebenen Pistazien in einem Kessel über kochendem Wasser zu einem dicken Schaum schlagen. Sofort warm servieren.

Cream, mousse, mousseline and sabayon

Boil the milk with the sugar and the vanilla pods which have been sliced in half lengthways. Whip the egg yolks until frothy and whip in the hot milk. Heat until the mixture has reached the nappe stage (85° C) and strain. Thoroughly squeeze the water from the gelatine which has been soaked in cold water and dissolve in the warm vanilla sauce. Leave the vanilla sauce to cool and in turn fold the whisky and whipped cream into the sauce.

Vanilla mousseline

4 dl milk
80 g sugar
2 vanilla pods
2 egg yolks
1 sheet of gelatine
2 cl whisky
4 dl cream

Mix the strawberry sauce with the sugar, dissolve the soaked gelatine in the maraschino over a low heat and fold into the strawberry sauce. Then fold in the whipped cream.

Strawberry mousseline

300 g strawberry sauce
60 g sugar
1/2 sheet of gelatine
2 cl maraschino liqueur
3 dl cream

Mix the red wine with the spices to make a tasty mulled wine. Strain the wine, add the rum, sugar and egg yolks and whip for several minutes in a pan over boiling water until it is frothy. Serve immediately while still warm.

Mulled wine sabayon

1/4 l red wine
1/2 stick of cinnamon
3 cloves
orange zest
lemon zest
60 g sugar
1 cl rum
3 egg yolks

Whip the egg yolks, champagne, sugar, pistachio paste and the ground pistachios in a pan over boiling water until it forms a thick, frothy cream. Serve immediately while still warm.

Pistachio sabayon

3 egg yolks
2 dl champagne
50 g sugar
1 tsp pistachio paste
1/2 tsp ground pistachios

Krem, Mousse, Mousseline, Sabayon

Altbiersabayon

10 g Honig
30 g Zucker
4 Eigelbe
1/4 Zitronen (Saft)
1/4 Orangen (Saft)
1 Prise Zimtpulver
2,5 dl Altbier

Honig, Zucker, Eigelbe, Zitronen- und Orangensaft mit der Prise Zimtpulver glatt rühren. Altbier beigeben und in einem Kessel über kochendem Wasser schaumig aufschlagen. Durch die Hitze des Wassers (Wasserbad) sollte sich der Eierschaum dicklich binden. Sofort warm servieren.

Fruchtsabayon aus Orangensaft oder Passionsfruchtsaft

2 dl Orangensaft / Passionsfruchtsaft
1 dl Weißwein
60 g Honig
1 cl Cointreau
Mark einer 1/2 Vanilleschote
4 Eigelbe

Eigelbe, Honig und Vanillemark verrühren. Fruchtsaft und Weißwein dazugeben und im Kessel über kochendem Wasser zu einem dicken Schaum schlagen. Sofort warm servieren.

Klassische Marsalasabayon

50 g Zucker
7 cl Weißwein
7 cl Marsalawein
2 cl Zitronensaft
2 Eigelbe

Alle Zutaten in einem Kessel über kochendem Wasser zu einem dicken Schaum schlagen und anschließend unverzüglich warm servieren.

Honigsabayon

50 g Honig (flüssig)
12,5 cl Sahne
2 Eigelbe
3 cl Cognac

Den flüssigen Honig, Sahne, Eigelbe und Cognac in einem Kessel über kochendem Wasser schaumig und dick aufschlagen. Vorsicht – es sollte sich nichts am Kesselrand anlegen. Wenn das Ganze gut dicklich aufgeschlagen ist, in Eiswasser wieder kalt schlagen.

Dark beer sabayon

10 g honey
30 g sugar
4 egg yolks
1/4 lemon (juice)
1/4 orange (juice)
1 pinch of ground cinnamon
2.5 dl dark beer

Mix the honey, sugar, egg yolk, lemon and orange juice with a pinch of the cinnamon until smooth. Add the dark beer and whip in a pan over boiling water until it is frothy. The heat of the water (bain marie) should make the egg foam thicken. Serve immediately while still warm.

Fruit sabayon of orange juice or passion fruit juice

2 dl orange juice / passion fruit juice
1 dl white wine
60 g honey
1 cl Cointreau
Flesh of 1/2 vanilla pod
4 egg yolks

Mix the egg yolks, honey and flesh of the vanilla. Add the fruit juice and white wine and whip in a pan over boiling water until thick and frothy. Serve immediately while still warm.

Classic marsala sabayon

50 g sugar
7 cl white wine
7 cl marsala wine
2 cl lemon juice
2 egg yolks

Whip all ingredients in a pan over boiling water until the mixture forms a thick foam. Serve immediately while still warm.

Honey sabayon

50 g liquid honey
12.5 cl cream
2 egg yolks
3 cl brandy

Whip all ingredients in a pan over boiling water until thick and frothy. Take care that nothing sets on the edge of the pan. When the mixture has been whipped thick and frothy, beat in iced water until cold.

Krem, Mousse, Mousseline, Sabayon

Avocadoschaum

2 reife Avocados
1 1/2 Zitronen
2 cl Cointreau
5 cl Zuckersirup
2 Blatt Gelatine
2 cl Bacardi
4 Eiweiß
40 g Zucker

Die Avocados der Länge nach halbieren, entkernen, schälen und sofort mit Zitronensaft, Cointreau und Zuckersirup pürieren und durch ein feines Sieb passieren. Die im kalten Wasser eingeweichte Gelatine gut ausdrücken, in Bacardi warm auflösen und unter das Avocadomark gut einrühren. Eiweiß mit Zucker zu einem steifen Schnee schlagen und unter die Avocadomasse ziehen. Abgedeckt in einer Schüssel nicht länger als 2 Stunden im Kühlschrank anziehen lassen. Bei sofortiger Verwendung ist die Gelatine nicht unbedingt erforderlich. Mit einem heißen Löffel die einzelnen Portionen abstechen.

Ein guter Tipp

Arbeiten Sie bis zur Beigabe von Zitronensaft sehr rasch, damit die Früchte nicht braun werden.

Sherryschaum

1,2 dl Sherry
40 g Zucker
2 cl Zitronensaft
2 Blatt Gelatine
3 Eiweiß
40 g Zucker

Sherry, Zucker und Zitronensaft heiß wie eine Sabayon aufschlagen, eingeweichte Gelatine beigeben und in der warmen Sabayon auflösen. Das Ganze auf Eiswasser kalt schlagen, passieren und das geschlagene Eiweiß mit Zucker unterheben.

Schokoladenschaum

2 dl Milch
40 g Zucker
1 Eigelb
10 g Stärke
1/2 Vanilleschote
70 g Bitter Kuvertüre
3 Eiweiß
40 g Zucker

2/3 der Milch mit Zucker und dem Mark der Vanilleschote zum Kochen bringen. Die restliche Milch mit Eigelb und Stärke anrühren, in die kochende Milch einschlagen und gut durchkochen. Die Krem passieren und abgedeckt erkalten lassen. Die aufgelöste Kuvertüre mit der Krem glatt rühren und zum Schluß das geschlagene Eiweiß unterheben. Mit einem Spritzbeutel die verschiedenen Portionen auf die Teller dressieren.

Foamed avocado dessert

2 ripe avocados
1 1/2 lemons
2 cl Cointreau
5 cl sugar syrup
2 sheets of gelatine
2 cl Bacardi
4 egg whites
40 g sugar

Halve the avocados lengthways, remove the stone, peel and purée immediately with lemon juice, Cointreau and sugar syrup, then rub through a fine sieve. Thoroughly squeeze out the gelatine, previously soaked in cold water, dissolve in Bacardi over a low heat and mix into the avocado purée. Whip the egg white with sugar until it is stiff and fold into the avocado mixture. Place in a bowl, cover and leave in the refrigerator for up to two hours. If the mixture is used immediately, the gelatine is not essential. Scoop out the individual portions with a hot spoon.

A useful tip

Work quickly before adding the lemon juice to prevent the fruit turning brown.

Foamed sherry dessert

1.2 dl sherry
40 g sugar
2 cl lemon juice
2 sheets of gelatine
3 egg whites
40 g sugar

Whip the sherry, sugar and lemon juice over heat in the same way as a sabayon, add the soaked gelatine and dissolve in the warm sabayon. Whip over iced water until cold, strain and fold in the whipped egg white with sugar.

Foamed chocolate dessert

2 dl milk
40 g sugar
1 egg yolk
10 g cornflour
1/2 vanilla pod
70 g bitter couverture chocolate
3 egg whites
40 g sugar

Boil 2/3 of the milk with the sugar and the flesh of the vanilla pod. Mix the remaining milk with the egg yolks and cornflour, whip into the boiling milk and heat through well. Strain the cream, cover and leave to cool. Mix the melted couverture chocolate with the cream and finally fold in the whipped egg white. Pipe the various portions onto the plates with a piping bag.

Krem, Mousse, Mousseline, Sabayon

Mousse

Grundsätzlich unterteilt man Mousses in drei Gruppen: Fruchtmousse, Kremmousse und Schokoladenmousse

Ein Fruchtmousse sollte niemals mit Schokolade zubereitet werden, weil diese geschmacklich dominiert und dadurch das typisch fruchtige Aroma verloren gehen würde.

Tipp: Niemals Sahne mit 30 % Fett verwenden; ideal wäre eine Sahne mit 36 % Fett. Speziell bei Fruchtmousse sollte man bei der Sahne einen höheren Fettanteil wählen, da sich diese Sahne länger bearbeiten läßt und beim Zusammenrühren nicht so schnell gerinnt.

Als Kremmousse bezeichnet man alle Arten von Mousse, die weder einen Fruchtanteil noch einen Schokoladenanteil im Rezept aufweisen.

Die Schokoladenmousses könnte man wieder in zwei Gruppen unterteilen: Die reinen Schokoladenmousses mit relativ viel Schokoladen- oder Kuvertüreanteil und die mit weniger Schokoladenanteil und einem weiteren Geschmacksträger, wo die Schokolade lediglich die Aufgabe hat, die Sämigkeit und Konsistenz und Bindung zu verfeinern.

Passionsfruchtmousse

4 Eigelbe
75 g Zucker
12,5 cl Passionsfruchtsaft
1 dl Milch
1 dl Sahne
2 Blatt Gelatine
2,8 dl Sahne

Milch und Sahne kurz aufkochen, den Saft der Passionsfrüchte, Zucker und Eigelbe dazugeben und zur Rose (85° C) abziehen. Die in kaltem Wasser eingeweichte Gelatine gut ausdrücken und in der noch warmen Masse auflösen. Das Ganze etwas auskühlen lassen und anschließend die geschlagene Sahne leicht unterheben. Im Kühlschrank zugedeckt anziehen lassen.

Himbeermousse

300 g Himbeermark
40 g Puderzucker
1 cl Zitronensaft
50 g Butter
3,5 Blatt Gelatine
1,5 cl Himbeergeist
5 dl Sahne (36% Fett)

Weiche Butter, Puderzucker und Zitronensaft vermengen. Die in kaltem Wasser eingeweichte Gelatine gut ausdrücken und mit etwas Himbeermark und Himbeergeist warm auflösen und unter die Butter / Puderzuckermasse rühren. Danach die geschlagene Sahne unterheben. Im Kühlschrank abgedeckt anziehen lassen.

Mousse

There are basically three different types of mousse: Fruit mousse, cream mousse and chocolate mousse.

The recipe for a cream mousse does not contain either fruit or chocolate.

A fruit mousse should never be prepared with chocolate, as the chocolate smothers the typical fruit flavour and the natural fruity aroma is lost.

Our tip: Never use cream with 30 per cent fat; cream with 36 per cent fat is ideal. It is particularly important to use cream with a higher fat content for fruit mousse, as it is possible to work with this type of cream for longer periods and it does not curdle as quickly when mixed.

There are also two different types of chocolate mousse. Pure chocolate mousse has a relatively high chocolate or couverture chocolate content and the other type has less chocolate and another flavouring, so that the chocolate only serves to improve thickening, consistency and binding.

Passion fruit mousse

4 egg yolks
75 g sugar
12.5 cl passion fruit juice
1 dl milk
1 dl cream
2 sheets of gelatine
2.8 dl cream

Boil the milk and cream briefly, add the passion fruit, sugar and egg yolk and heat until the mixture reaches the nappe stage (85° C). Thoroughly squeeze the water from the gelatine, previously soaked in cold water, and dissolve in the warm mixture. Leave to cool slightly, then lightly fold in the whipped cream. Cover and leave to set in the refrigerator.

Raspberry mousse

300 g puréed raspberries
40 g icing sugar
1 cl lemon juice
50 g butter
3 1/2 sheets of gelatine
1.5 cl white raspberry brandy (Himbeergeist)
5 dl cream (36 per cent fat)

Mix the softened butter, icing sugar and lemon juice. Thoroughly squeeze out the gelatine, previously soaked in cold water, and dissolve over a low heat in some raspberry purée and white raspberry brandy before adding to the butter and icing sugar mixture. Then fold in the whipped cream. Cover and leave to set in the refrigerator.

Topfenmousse

1 Ei
3 Eigelbe
50 g Zucker
75 g Honig
1/2 Orange
1/2 Zitrone
1 cl Grand Marnier
500 g Topfen (Schichtkäse)
5 Blatt Gelatine
3,8 dl Sahne

Ei, Eigelbe, Zucker und Honig zur Rose (85° C) abziehen. Die fein gehackte Orangenschale, den Saft der Orange und Zitrone sowie den Topfen mit der Eiermasse glatt rühren. Die in kaltem Wasser eingeweichte Gelatine gut ausdrücken und mit Grand Marnier warm auflösen. In der Topfenmasse glatt rühren und dann die geschlagene Sahne leicht unterheben. Im Kühlschrank zugedeckt anziehen lassen.

Marzipanmousse

2,5 dl Milch
200 g Rohmarzipan
2 Eigelbe
60 g Zucker
3 Blatt Gelatine
2 cl Amaretto
2,5 dl Sahne

Milch und Zucker kurz aufkochen, Marzipan beimengen und glatt rühren. Die Eigelbe dazugeben und das Ganze zur Rose (85° C) abziehen. Die Marzipansoße passieren und mit einem Stabmixer glatt mixen. Die in kaltem Wasser eingeweichte Gelatine gut ausdrücken und mit Amaretto in der noch warmen Marzipansoße auflösen. Etwas auskühlen lassen und die geschlagene Sahne leicht unterheben. In eine Schüssel füllen, abgedeckt kühl stellen. Dieses Mousse ist und bleibt wegen dem Marzipan immer etwas grießig.

Mohnmousse

1 Eigelb
1 Ei
1 dl Rotwein
1 EL geriebener Blaumohn
200 g weiße Schokolade
3 Blatt Gelatine
5 dl Sahne

Eigelb und Ei in einem Kessel über kochendem Wasser wie eine Sabayon schaumig schlagen. Vorsicht – die Eier sollten leicht binden, aber nicht gerinnen. Die in kaltem Wasser eingeweichte Gelatine gut ausdrücken und in den geschlagenen Eiern auflösen. Die weiche Schokolade dazugeben und glatt rühren. Den geriebenen Mohn mit dem Rotwein unter ständigem Rühren solange kochen, bis es einen dicken Brei ergibt und der Wein vollständig verdampft ist. Den Mohn mit der Schokoladenmasse glatt rühren und das Ganze leicht auskühlen lassen. Die geschlagene Sahne unterheben und im Kühlschrank zugedeckt anziehen lassen.

Heat the egg, egg yolks, sugar and honey until the mixture reaches the nappe stage (85° C). Mix the finely chopped orange zest, the juice of the orange and lemon and the quark with the egg mixture until smooth. Thoroughly squeeze out the gelatine, previously soaked in cold water, and dissolve over a low heat in the Grand Marnier. Mix into the quark mixture until smooth and then lightly fold in the whipped cream. Cover and leave to set in the refrigerator.

Quark mousse

1 egg
3 egg yolks
50 g sugar
75 g honey
1/2 orange
1/2 lemon
1 cl Grand Marnier
500 g quark (curd cheese)
5 sheets of gelatine
3.8 dl cream

Boil the milk and sugar briefly, add the marzipan and mix until smooth. Add the egg yolks and heat until the mixture reaches the nappe stage (85° C). Strain the marzipan sauce and purée with a blender. Thoroughly squeeze the water from the gelatine, previously soaked in cold water, and dissolve with Amaretto in the warm marzipan sauce. Leave to cool slightly, then lightly fold in the whipped cream. Pour into a bowl, cover and put into the refrigerator. This mousse is always somewhat granular, this is due to the marzipan it contains.

Marzipan mousse

2.5 dl milk
200 g raw marzipan
2 egg yolks
60 g sugar
3 sheets of gelatine
2 cl Amaretto
2.5 dl cream

Whip the egg yolk and egg in a pan over boiling water until frothy in the same way as a sabayon. Take care that the eggs bind slightly but do not curdle. Thoroughly squeeze the water from the gelatine, previously soaked in cold water, and dissolve in the whipped eggs. Add the softened chocolate and mix until smooth. Boil the ground poppy-seeds with the red wine, stirring continuously, until it forms a thick mass and the wine has evaporated completely. Mix the poppyseeds with the chocolate mixture until smooth and leave to cool slightly. Fold in the whipped cream, cover and leave to set in the refrigerator.

Poppyseed mousse

1 egg yolk
1 egg
1 dl red wine
1 dsp ground poppyseeds
200 g white chocolate
3 sheets of gelatine
5 dl cream

Krem, Mousse, Mousseline, Sabayon

Zimtmousse

1 Ei
1 Eigelb
1 dl Milch
3 – 4 frische Zimtstangen
2 Messerspitzen gemahlenes Zimt
200 g Kuvertüre (weiß)
3 Blatt Gelatine
1 cl Rum 80 %
5 dl Sahne

Milch und Zimtstangen aufkochen, etwas reduzieren und einige Stunden stehen lassen. Ei und Eigelb in einem Kessel über kochendem Wasser wie eine Sabayon schaumig aufschlagen. Die Eier sollten leicht anziehen, aber nicht gerinnen. Die in kaltem Wasser eingeweichte Gelatine gut ausdrücken und im warmen Eierschaum auflösen. Die aufgelöste weiße Schokolade, passierte Zimtmilch, gemahlenen Zimt und den Rum nacheinander mit den aufgeschlagenen Eiern glatt rühren. Das Ganze abkühlen lassen und die geschlagene Sahne leicht unterheben.

Sollte Ihnen das Zimtmousse im Geschmack zu wenig intensiv sein, können Sie noch etwas Zimtpulver zugeben. Im Kühlschrank zugedeckt anziehen lassen.

Maronenmousse

1 Ei
1 Eigelb
3 Blatt Gelatine
250 g weiße Schokolade
250 g Maronenpüree
1 cl Kirschgeist
5 dl Sahne

Eigelb und Ei in einem Kessel über kochendem Wasser wie eine Sabayon schaumig schlagen. Die Eier sollten leicht anziehen, dürfen aber nicht gerinnen. Die in kaltem Wasser eingeweichte Gelatine gut ausdrücken und in den aufgeschlagenen Eiern auflösen. Die weiche, weiße Schokolade, den Kirschgeist und das Maronenpüree nacheinander mit den aufgeschlagenen Eiern glatt rühren. Die geschlagene Sahne leicht unterheben und im Kühlschrank zugedeckt anziehen lassen.

Schokoladenmousse 1

10 pasteurisierte Eigelbe
400 g Kuvertüre 70/30
2 Blatt Gelatine
2 cl Grand Marnier
10 Eiweiß
40 g Zucker
6 dl Sahne

Dieses Rezept eignet sich aufgrund des großen Volumens besonders gut für den Bankettbereich.

Die pasteurisierten Eigelbe schaumig aufschlagen. Die in kaltem Wasser eingeweichte Gelatine gut ausdrücken und mit dem Grand Marnier warm in der Eigelbmasse auflösen und unterrühren. Die warme, flüssige Kuvertüre in der Eigelbmasse glatt rühren, das geschlagene Eiweiß mit Zucker unterheben und zum Schluß die geschlagene Sahne unterheben. Im Kühlschrank abgedeckt anziehen lassen.

Cinnamon mousse

1 egg
1 egg yolk
1 dl milk
3 – 4 fresh cinnamon sticks
2 pinches of ground cinnamon
200 g white couverture chocolate
3 sheets of gelatine
1 cl rum 80 percent proof
5 dl cream

Boil the milk and cinnamon sticks, allow to reduce slightly and leave to infuse for several hours. Whip the egg yolk and egg in a pan over boiling water in the same way as a sabayon until frothy. The eggs should set slightly but not curdle. Thoroughly squeeze out the gelatine, previously soaked in cold water, and dissolve in the warm frothy egg mixture. Mix the melted white chocolate, strained cinnamon milk, ground cinnamon and the rum in turn with the whipped eggs until smooth. Leave to cool then lightly fold in the whipped cream.

If the cinnamon mousse taste is not intensive enough, add ground cinnamon. Cover and leave to set in the refrigerator.

Sweet chestnut mousse

1 egg
1 egg yolk
3 sheets of gelatine
250 g white chocolate
250 g chestnut purée
1 cl kirsch
5 dl cream

Whip the egg yolk and egg in a pan over boiling water until frothy in the same way as a sabayon. The eggs should set slightly but should not curdle. Thoroughly squeeze the water from the gelatine, previously soaked in cold water, and dissolve in the whipped eggs. Add the soft, white chocolate, the kirsch and the chestnut purée one after the other to the whipped eggs and mix until smooth. Lightly fold in the whipped cream, cover and leave to set in the refrigerator.

Chocolate mousse 1

10 pasteurised egg yolks
400 g couverture chocolate 70/30
2 sheets of gelatine
2 cl Grand Marnier
10 egg whites
40 g sugar
6 dl cream

Due to the large quantities this recipe is especially suitable for banquets.

Whip the pasteurised egg yolks until frothy. Thoroughly squeeze out the gelatine, previously soaked in cold water, and dissolve over a low heat with the Grand Marnier in the egg yolk mixture and blend. Mix the warm, melted couverture with the egg yolk mixture until smooth, fold in the whipped egg white with the sugar and finally fold in the whipped cream. Cover and leave to set in the refrigerator.

Krem, Mousse, Mousseline, Sabayon

Schokoladenmousse 2 (weiß)

30 g Butter
2 cl Cointreau
2 cl Wasser
2 Blatt Gelatine
200 g weiße Schokolade
5 dl Sahne

Schokoladenmousse 3 (Milch)

30 g Butter
2 cl Grand Marnier
2 cl Wasser
1,5 Blatt Gelatine
200 g Milch Kuvertüre
5 dl Sahne

Schokoladenmousse 4 (dunkel)

30 g Butter
2 cl Cognac
2 cl Wasser
1 Blatt Gelatine
200 g Kuvertüre 70/30
5 dl Sahne

Die drei Rezepturen der folgenden Schokoladenmousses weiß, Milch und dunkel sind in der Zubereitung völlig gleich, lediglich die Gelatinemenge sowie die Sorte des Alkohols und die Schokolade unterscheiden sich. Das Schöne an diesen drei Rezepturen ist, dass die Konsistenz der drei Mousses fast identisch ist und dadurch ein effektives Arbeiten in der Patisserie ermöglicht.

Zubereitung: Butter schmelzen lassen und die in kaltem Wasser eingeweichte Gelatine gut ausdrücken und zusammen mit dem warmen Alkohol und Wasser in die Butter einrühren.
Die aufgelöste, flüssige Schokolade oder Kuvertüre mit der Butter / Alkohol-Gelatinemasse glatt rühren und anschließend die geschlagene Sahne unterheben. Im Kühlschrank anziehen lassen.

The preparation method of these three recipes for white, milk and dark chocolate mousse is completely identical, and the only differences are the gelatine quantities and the different types of alcohol and chocolate used. The beauty of these three recipes is that the consistencies of the three mousses are almost identical and therefore permit effective and perfect patisserie work.

Preparation: Melt the butter, thoroughly squeeze out the gelatine, which has been soaked in cold water, dissolve in the warm alcohol and water and stir into the butter.
Mix the melted, liquid chocolate or couverture chocolate with the butter, alcohol and gelatine mixture until smooth and then fold in the whipped cream. Leave to set in the refrigerator.

Chocolate mousse 2 (white)

30 g butter
2 cl Cointreau
2 cl water
2 sheets of gelatine
200 g white chocolate
5 dl cream

Chocolate mousse 3 (milk)

30 g butter
2 cl Grand Marnier
2 cl water
1 1/2 sheets of gelatine
200 g milk chocolate couverture
5 dl cream

Chocolate mousse 4 (dark)

30 g butter
2 cl brandy
2 cl water
1 sheet of gelatine
200 g couverture chocolate 70/30
5 dl cream

Krem, Mousse, Mousseline, Sabayon

Gekochte Krem

Ein Flammeri wird niemals mit geschlagener Sahne und Gelatine zubereitet, denn sonst würde es sich um eine gerührte Krem handeln. Auch wenn dies in anderen Büchern so zu lesen ist – es ist falsch!

Grießflammeri

2,5 dl Weißwein
30 g Butter
30 g Hartweizengrieß
1 TL kandierter Ingwer
3 Eiweiß
80 g Zucker

Den Wein mit Butter, Grieß und fein gehacktem, kandierten Ingwer zum Kochen bringen. Das geschlagene Eiweiß mit Zucker unter die kochende Grießmasse rühren und ca. 30 Sekunden weiter kochen lassen.
Mit Wasser besprengte Förmchen füllen, abdecken und auskühlen lassen und anschließend in den Kühlschrank stellen.

Haferflammeri

2,5 dl Milch
30 g Butter
50 g Haferschrot
1/2 Vanillestange
1 cl Rum
3 Eiweiß
60 g Zucker

Die Milch mit Butter, Hafer, Vanillemark ohne Schote und Rum zum Kochen bringen. Das geschlagen Eiweiß mit Zucker unter die kochende Hafermasse ziehen und ca. 30 Sekunden weiter kochen lassen.
Mit Wasser besprengte Förmchen füllen, abdecken und auskühlen lassen und anschließend in den Kühlschrank stellen.

Vanilleflammeri

2,5 dl Milch
5 cl Sahne
1 Eigelb
15 g Vanillekrempulver
1 Vanillestange
3 Eiweiß
60 g Zucker

Die Milch mit Sahne, Vanillemark ohne Schote, Eigelb und Stärke gut verrühren und zum Kochen bringen. Das geschlagene Eiweiß mit Zucker unter die kochende Masse ziehen und ca. 30 Sek. weiter kochen lassen.
Mit Wasser besprengte Förmchen füllen, abdecken und auskühlen lassen und anschließend in den Kühlschrank stellen.

Custard

A flamri is never made with whipped cream and gelatine, as it would then be a stirred cream. Even if you have read this elsewhere, it is incorrect!

Semolina flamri

2.5 dl white wine
30 g butter
30 g semolina
1 tsp candied ginger
3 egg whites
80 g sugar

Bring the wine with the butter, semolina and the finely chopped candied ginger to the boil. Fold the whipped egg white and sugar into the boiling semolina mixture and continue to boil for approximately 30 seconds.
Fill into small moulds sprinkled with water, cover and leave to cool, then place in the refrigerator.

Oatmeal flamri

2.5 dl milk
30 g butter
50 g coarsely ground oatmeal
1/2 vanilla pod
1 cl rum
3 egg whites
60 g sugar

Boil the milk with the butter, oatmeal, vanilla flesh without the pod and the rum. Fold the whipped egg white and sugar into the boiling oatmeal mixture and continue to boil for approximately 30 seconds.
Fill into small moulds sprinkled with water, cover and leave to cool, then place in the refrigerator.

Vanilla flamri

2.5 dl milk
5 cl cream
1 egg yolk
15 g vanilla creme powder
1 vanilla pod
3 egg whites
60 g sugar

Mix the milk with the cream, flesh of the vanilla without the pod, egg yolk and cornflour well and bring to the boil. Fold the whipped egg white and sugar into the boiling mixture and continue to boil for approximately 30 seconds.
Fill into small moulds sprinkled with water, cover and leave to cool, then place in the refrigerator.

Passionsfruchtflammeri

1,25 dl Passionsfruchtsaft
1/2 Vanillestange
1 cl Rum
1,25 dl Sahne
1 Eigelb
15 g Stärke
3 Eiweiß
60 g Zucker

Den Passionsfruchtsaft mit Vanillemark ohne Schote und Rum einmal aufkochen. Eigelb, Stärke und Sahne verrühren und in den kochenden Passionsfruchtsaft einrühren und abermals zum Kochen bringen. Das geschlagene Eiweiß mit Zucker unter die kochende Masse ziehen und ca. 30 Sekunden weiter kochen lassen.
Mit Wasser besprengte Förmchen füllen, abdecken und auskühlen lassen und anschließend in den Kühlschrank stellen.

Vanillekrem gekocht

5 dl Milch
125 g Zucker
2 Eigelbe
40 g Vanillekrempulver
1 Vanillestange

3/4 der Milch mit dem Zucker und der Vanilleschote zum Kochen bringen. Eigelbe mit Vanillestärke und der restlichen Milch verrühren und in die kochende Milch einrühren und gut aufkochen lassen.

Wichtig

Der Flan wird in der heutigen Zeit in der Patisserie und auf den Menükarten der Köche nur noch als Krem bezeichnet, was auch stimmt, da der Flan in die Gruppe der Krems fällt. Richtiger wäre es allerdings, wenn man eine Masse, die ihre Bindung durch Pochieren erhält, als Flan bezeichnen würde, damit dieser Name hier nicht in Vergessenheit gerät. Fachlich wäre diese Bezeichnung richtiger!

Flan Karamell

150 g Zucker
50 g Wasser

5 dl Milch
1 Vanillestange
4 Eier
100 g Zucker

Den Zucker hell karamellisieren und mit Wasser ablöschen. Diesen Zucker 3 mm hoch in Porzellanförmchen füllen.

Die Milch mit dem Vanillemark ohne Schote, Eier und Zucker auf ca. 50° C erwärmen, die Masse dann passieren und in die Porzellanförmchen mit dem nun fast festen Karamellzucker füllen.

Die Masse mit den Förmchen im Wasserbad bei 140° C 40 – 45 Minuten pochieren.

Bring the passion fruit juice with the flesh of the vanilla without the pod and the rum to the boil once. Mix the egg yolk, cornflour and cream, mix into the boiling passion fruit juice and bring to the boil once more. Fold the whipped egg white and sugar into the boiling mixture and continue to boil for approximately 30 seconds.
Fill into small moulds sprinkled with water, cover and leave to cool, then place in the refrigerator.

Passion fruit flamri

1.25 dl passion fruit juice
1/2 vanilla pod
1 cl rum
1.25 dl cream
1 egg yolk
15 g cornflour
3 egg whites
60 g sugar

Boil 3/4 of the milk with the sugar and the vanilla pod. Mix the egg yolk with the vanilla cornflour and the remaining milk, mix into the boiling milk and boil well.

Vanilla custard

5 dl milk
125 g sugar
2 egg yolks
40 g vanilla creme powder
1 vanilla pod

Important

A flan is only referred to as a cream today in patisserie circles and on the chef's menu, which is not wrong, as a flan is included in the cream category. It would only be more correct to refer to a mixture which is bound by poaching as a flan, so that this name does not sink into oblivion. The designation would then be more correct from a professional viewpoint.

Caramelise the sugar until light and add the water. Fill this sugar 3 mm deep into small porcelain moulds.

Heat the milk with the vanilla flesh without the pod, the eggs and the sugar to approximately 50° C, strain and fill into the porcelain moulds with the caramel sugar which has almost set.

Poach the mixture with the moulds in a bain marie at 140° C for 40 – 45 minutes.

Caramel flan

150 g sugar
50 g water

5 dl milk
1 vanilla pod
4 eggs
100 g sugar

Krem, Mousse, Mousseline, Sabayon

Gerührte Krem

Diese Kategorie ist wohl die häufigste, die man bei Desserts findet. Grundsätzlich kann man bei den gerührten Krems verschiedene Zubereitungsarten unterscheiden.

Zum einen spricht man von der reinen Sahnekrem, zum anderen gibt es die reinen Eiweißkrems und zuletzt gibt es die gemischten Krems, die sowohl geschlagene Sahne als auch geschlagenes Eiweiß in der Rezeptur beinhalten.

Bayrische Krem

2,5 dl Milch
50 g Zucker
25 g Vanillezucker
4 Eigelbe
4 Blatt Gelatine
2,5 dl Sahne

Milch, Zucker und Vanillezucker einmal kurz aufkochen und etwas auskühlen lassen. Die Eigelbe sehr schaumig schlagen, mit der Zuckermilch aufgießen und zur Rose (85° C) abziehen. Die in kaltem Wasser eingeweichte Gelatine gut ausdrücken und in der lauwarmen Masse auflösen. Wenn das Ganze leicht abgekühlt ist, die geschlagene Sahne unterziehen und die Masse in Förmchen füllen. Zum Stürzen der Krem die Förmchen kurz in heißes Wasser stellen.

Mandelkrem

3 Eigelbe
60 g Zucker
3 cl Mandelmilch
1 cl Amaretto
1 – 2 Tropfen Bittermandelöl
3 Blatt Gelatine
4 dl Sahne

Die Eigelbe, Zucker und Mandelmilch gut auf 85° C schaumig schlagen. Die in kaltem Wasser eingeweichte Gelatine fest ausdrücken und mit Amaretto leicht anwärmen und auflösen. Die nun flüssige Gelatine mit Amaretto und Bittermandelöl unter die bereits kalte Eiermasse ziehen. Zuletzt die geschlagene Sahne unterheben und die Masse in Förmchen füllen. Anziehen lassen und vor dem Stürzen kurz in heißes Wasser stellen.

Himbeer - Jogurtkrem

250 g Jogurt natur
250 g Himbeeren
50 – 80 g Puderzucker
1 Zitrone
3 Blatt Gelatine
1,5 dl Sahne

Himbeeren pürieren und passieren; die gleiche Menge Jogurt beimengen. Je nach Süße der Beeren mehr oder weniger Zucker dazugeben. Die in kaltem Wasser eingeweichte Gelatine gut ausdrücken und mit dem Saft der Zitrone warm auflösen. Die Zitronengelatine mit der geschlagenen Sahne unterziehen. Förmchen füllen und kalt stellen. Zum Stürzen der Krem die Förmchen kurz in heißes Wasser geben.

Cream, mousse, mousseline and sabayon

Stirred cream

This category is the most common form for desserts. There are, however, different methods of preparing stirred creams.

On the one hand there are pure creams, on the other pure egg white creams and finally mixed creams, which contain both whipped cream and also whipped egg white.

Bring the milk, sugar and vanilla sugar briefly to the boil and leave to cool slightly. Whip the egg yolks until very foamy, add the sugar milk and heat until the mixture reaches the nappe stage (85° C). Thoroughly squeeze the water from the gelatine, previously soaked in cold water, and dissolve in the lukewarm mixture. When the mixture has cooled slightly, fold in the whipped cream and fill the mixture into small moulds. Before turning out the cream dessert, dip the moulds briefly in hot water.

Bavarian cream

2.5 dl milk
50 g sugar
25 g vanilla sugar
4 egg yolks
4 sheets of gelatine
2.5 dl cream

Whip the egg yolks, sugar and almond milk well to 85° C. Firmly squeeze the gelatine which has been soaked in cold water, heat slightly and dissolve with the Amaretto. Fold the now liquid gelatine with the Amaretto and bitter almond oil into the cold egg mixture. Finally fold in the whipped cream and fill the mixture into moulds. Leave to set and before turning the dessert out, place the moulds briefly in hot water.

Almond cream

3 egg yolks
60 g sugar
3 cl almond milk
1 cl Amaretto
1–2 drops of bitter almond oil
3 sheets of gelatine
4 dl cream

Purée and rub the raspberries through a sieve; add the same amount of yoghurt. Depending on how sweet the berries are, add a small or larger quantity of sugar. Thoroughly squeeze out the gelatine, previously soaked in cold water, and dissolve over a low heat in the lemon juice. Fold the lemon gelatine into the whipped cream. Fill the moulds and place in the refrigerator. Before turning out the cream, dip the moulds briefly into hot water.

Raspberry - yoghurt cream

250 g plain yoghurt
250 g raspberries
50 – 80 g icing sugar
1 lemon
3 sheets of gelatine
1.5 dl cream

Krem, Mousse, Mousseline, Sabayon

Weiße Mokkakrem

2,5 dl Sahne
150 g Kaffeebohnen
50 g Zucker
2 Eigelbe
3 Blatt Gelatine
2,5 dl Sahne

Die grob zerstoßenen Kaffeebohnen einen Tag zuvor in die Sahne einlegen. Gut verschließen und kühl aufbewahren. Die Masse in einen runden Kessel eingießen, Zucker und Eigelbe dazugeben und das Ganze zu einer guten (85° C) Rose abziehen. Die Kaffeebohnen passieren, die in Wasser eingeweichte und gut ausgedrückte Gelatine in die heiße, weiße Mokkasoße geben und auflösen. Abkühlen lassen und die geschlagene Sahne leicht unterheben. In Förmchen füllen und kalt stellen.

Ein guter Tipp
Man kann statt der Sahne und Kaffeebohnen die gleiche Menge flüssigen Kaffee verwenden. So erhält man eine dunkle Krem, die man abwechselnd mit der hellen Krem schichtweise abfüllen kann.

Milchreiskrem

5 dl Milch
100 g Milchreis
100 g Zucker
3 Blatt Gelatine
40 g Schokoladenspäne
20 g fein gehackter Ingwer
1/2 Zitronenschale
1 Vanilleschote
3,5 dl Sahne

Milch und Reis zum Kochen bringen und weich dünsten. Die in kaltem Wasser eingeweichte Gelatine gut ausdrücken, in der warmen Reismasse auflösen, Zucker beimengen und erkalten lassen. Kurz bevor die Gelatine anzieht, nacheinander Schokoladenspäne, Ingwer, geriebene Zitronenschale und das Mark der Vanilleschote mit der geschlagenen Sahne unter die Reismasse heben. Das Ganze in Förmchen füllen und im Kühlschrank anziehen lassen.

Rotweinkrem

3 Eigelbe
20 g Zucker
1/2 Orange (Saft)
2,5 dl Rotwein
4 Blatt Gelatine
4 Eiweiß
60 g Zucker

Die Eigelbe mit dem Zucker gut verrühren, Orangensaft und Rotwein beigeben und in einem Kessel über kochendem Wasser schaumig aufschlagen. Dabei sollte sich der Schaum leicht dicklich binden (wie Sabayon). Die in kaltem Wasser eingeweichte Gelatine gut ausdrücken und in der heißen Masse auflösen. Das Ganze nun auf Eiswasser kalt rühren. Eiweiß mit Zucker zu einem steifen Schnee schlagen und vorsichtig unter die kalte Eiermasse ziehen. In Förmchen füllen und im Kühlraum anziehen lassen. Zum Stürzen der Krem die Form kurz in heißes Wasser stellen.

White mocha cream

2.5 dl cream
150 g coffee beans
50 g sugar
2 egg yolks
3 sheets of gelatine
2.5 dl cream

The roughly ground coffee beans are placed into the cream one day in advance; place in an airtight container and keep in the refrigerator, then empty the mixture into a round pan, add the sugar and egg yolks and heat until it reaches the nappe stage (85° C). Then strain the beans, place the well-squeezed gelatine, previously soaked in water, into the hot, white mocha sauce and dissolve it. Leave to cool, then lightly fold in the whipped cream. Fill into moulds and place in the refrigerator.

A useful tip
Instead of using the cream and coffee beans you can also use the same amount of liquid coffee. This makes a dark cream dessert which you can fill into the moulds in alternating layers with the light cream.

Milk rice cream

5 dl milk
100 g milk rice
100 g sugar
3 sheets of gelatine
40 g chocolate shavings
20 g finely chopped ginger
zest of 1/2 lemon
1 vanilla pod
3.5 dl cream

Bring the milk and the rice to the boil and simmer until soft. Thoroughly squeeze out the gelatine, previously soaked in cold water, dissolve in the warm rice mixture, add the sugar and leave to cool. Just before the gelatine sets, in turn mix the chocolate shavings, ginger, grated lemon zest, and the flesh of the vanilla pod with the whipped cream into the rice mixture. Fill the mixture into small moulds and leave to set in the refrigerator.

Red wine cream

3 egg yolks
20 g sugar
1/2 orange (juice)
2.5 dl red wine
4 sheets of gelatine
4 egg whites
60 g sugar

Mix the egg yolk well with the sugar, add the orange juice and red wine and whip until frothy in a pan over boiling water. The frothy mixture should set slightly (as a sabayon). Thoroughly squeeze the water from the gelatine, previously soaked in cold water, and dissolve in the hot mixture. Then stir over iced water until cold. Whip the egg whites with sugar until it is stiff and carefully fold into the cold egg mixture. Fill into small moulds and leave to set in the refrigerator. Before turning out the cream, dip the moulds briefly into hot water.

Krem, Mousse, Mousseline, Sabayon

Pralinenkrem

1,6 dl Milch
4 pasteurisierte Eigelbe
60 g Kuvertüre (bitter)
160 g Nugat
4 Blatt Gelatine
1 cl Rum 80%
1 cl Grand Marnier
2,5 dl Sahne
4 Eiweiß
50 g Zucker

Nugat, zerkleinerte Schokolade, Milch und Eigelbe unter ständigem Rühren kurz aufkochen und kaltstellen. Die Masse sehr schaumig aufschlagen. Die in kaltem Wasser eingeweichte Gelatine gut ausdrücken, in Rum und Grand Marnier lauwarm auflösen und mit der geschlagenen Sahne unter die Nugatmasse ziehen. Zum Schluß vorsichtig das mit Zucker geschlagene Eiweiß der Nugatmasse beimengen. Das Ganze in Förmchen füllen und kalt stellen. Zum Stürzen der Krem die Förmchen kurz in heißes Wasser tauchen.

Passionsfruchtkrem

3,5 dl Sahne
30 g Zucker
1/2 Vanilleschote
6 Eigelbe
1,7 dl Passionsfruchtsaft
6 Eiweiß
50 g Zucker
1 dl Sahne
4 1/2 Blatt Gelatine

Sahne, Zucker und Mark der Vanilleschote einmal kurz aufkochen. Den Saft der frischen Passionsfrüchte dazugeben. Die Eigelbe hinzufügen und zur Rose (85° C) abziehen. Die in kaltem Wasser eingeweichte Gelatine gut ausdrücken und in der lauwarmen Krem auflösen. Etwas abkühlen lassen, die geschlagene Sahne unterheben und zum Schluß das mit dem Zucker geschlagene Eiweiß leicht unterziehen. In Förmchen füllen und kalt stellen.

Topfenkrem

250 g Topfen / Schichtkäse
40 g Puderzucker / Staubzucker
1/4 Zitronenschale
1/4 Orangenschale
Saft einer Orange
1 cl Grand Marnier
3 Blatt Gelatine
8 cl Sahne
3 Eiweiß
60 g Zucker

Topfen, Puderzucker, Zitronenschale, Orangenschale und Orangensaft glatt zusammen rühren. Die in kaltem Wasser eingeweichte Gelatine gut ausdrücken, mit Grand Marnier erwärmen und auflösen. Zur Topfenmasse leeren und mit der geschlagenen Sahne unterziehen. Zuletzt das mit Zucker geschlagene Eiweiß unterheben und in Förmchen füllen.

Was ist ein Topfen?
Topfen ist nicht die alpenländische Bezeichnung für Quark. Vielmehr liegt der Unterschied darin, dass Topfen die Molke entzogen wird und er daher sehr trocken ist. Quark ist ein Produkt, das zum Großteil noch mit Molke der Flüssigkeit homogenisiert und pasteurisiert wurde.

Praline cream

1.6 dl milk
4 pasteurised egg yolks
60 g bitter couverture
160 g nougat
4 sheets of gelatine
1 cl rum 80 per cent proof
1 cl Grand Marnier
2.5 dl cream
4 egg whites
50 g sugar

Bring the nougat, the chopped chocolate, the milk and the egg yolks briefly to the boil, stirring all the time, then place in the refrigerator. Whip the mixture until very frothy. Thoroughly squeeze out the gelatine, previously soaked in cold water, dissolve in the rum and Grand Marnier over a low heat and mix into the nougat mixture with the whipped cream. Finally whip the egg whites with the sugar and carefully fold into the nougat mixture. Then fill the mixture into moulds and place into the refrigerator. Before turning out the cream, dip the moulds briefly in hot water.

Passion fruit cream

3.5 dl cream
30 g sugar
1/2 vanilla pod
6 egg yolks
1.7 dl passion fruit juice
6 egg whites
50 g sugar
1 dl cream
4 1/2 sheets of gelatine

Bring the cream, the sugar and the flesh of the vanilla pod briefly to the boil. Add the juice of the fresh passion fruit. Add the egg yolks and heat until the mixture reaches the nappe stage (85° C). Thoroughly squeeze the gelatine, previously soaked in cold water, and dissolve in the lukewarm cream. Leave to cool slightly, fold in the whipped cream and finally lightly fold in the egg whites which have been whipped with the sugar. Fill into moulds and place in the refrigerator.

Quark cream

250 g quark (curd cheese)
40 g icing sugar
zest of 1/4 lemon
zest of 1/4 orange
Juice of 1 orange
1 cl Grand Marnier
3 sheets of gelatine
8 cl cream
3 egg whites
60 g sugar

Mix the quark, icing sugar, lemon juice, orange zest and orange juice together until the mixture is smooth. Thoroughly squeeze out the gelatine, previously soaked in cold water, and dissolve over a low heat in the Grand Marnier. Add to the quark mixture and fold in the whipped cream. Finally fold in the egg whites which have been whipped with the sugar and fill the mixture into small moulds.

What is „Topfen“?

The quark used in this recipe is a special type called „Topfen“ in Bavaria and Austria and differs from the normal type of quark in that the whey has been completely removed, making it very dry. Normal quark is a product which is mainly still homogenised and pasteurised with the whey.

Krem, Mousse, Mousseline, Sabayon

Schokoladenkrem

250 g Sahne
40 g Zucker
10 g Kakaopulver
1/2 Vanilleschote
3 Eigelbe
15 g Kuvertüre
3 Blatt Gelatine
3 Eiweiß
15 g Zucker
5 cl Sahne
1 cl Grand Marnier
1 TL fein geriebene Orangenschale

Sahne, Zucker, Kakaopulver und die der Länge nach aufgeschnittene Vanilleschote aufkochen. Etwas abkühlen lassen, schaumig geschlagene Eigelbe dazugeben und zur Rose (85° C) abziehen. Vanilleschote heraus nehmen. Die aufgelöste Schokolade unter die Krem rühren und anschließend die in kaltem Wasser eingeweichte Gelatine gut ausdrücken und in der noch warmen Krem auflösen. In die nun abgekühlte Masse Orangenschale, Grand Marnier und die geschlagene Sahne unterheben. Zuletzt das mit Zucker geschlagene Eiweiß vorsichtig unterheben. In Förmchen abfüllen und kühl stellen.

Maronenkrem

150 g Maronenpüree
80 g Vanillekrem (Rezept Seite 80)
2 cl Kirschwasser
2 Blatt Gelatine
2 Eiweiß
40 g Zucker
8 cl Sahne

Entweder selbst gemachtes oder gekauftes Maronenpüree mit Vanillekrem glatt rühren. Die in kaltem Wasser eingeweichte Gelatine gut ausdrücken, mit Kirschwasser warm auflösen und unter die Maronimasse mengen. Eiweiß mit Zucker zu einem steifen Schnee schlagen und mit der geschlagenen Sahne unter die Maronipüreemasse ziehen. In Förmchen füllen.

Kokosnusskrem

3 dl Kokosmilch
4 Eigelbe
60 g Palmzucker
6 Blatt Gelatine
4 cl Kokosnusslikör
1 cl Zitronensaft
3 Eiweiß
60 g Zucker
250 g Sahne

Kokosmilch, Eigelbe und Palmzucker vermengen und zur Rose (85° C) abziehen. Die in kaltem Wasser eingeweichte Gelatine gut ausdrücken und mit Kokosnusslikör und Zitronensaft warm auflösen. Zur kalten Eigelbmasse geben, Eiweiß mit Zucker zu einem steifen Schnee schlagen und leicht unterheben. Zum Schluß die geschlagene Sahne unterziehen, in Förmchen füllen und kalt stellen.

Cream, mousse, mousseline and sabayon

Bring the cream, sugar, cocoa powder and the lengthways halved vanilla pod to a boil. Leave to cool slightly, add the egg yolk which has been whipped until frothy, then heat until it reaches the nappe stage (85° C). Remove the vanilla pod. Mix the melted chocolate into the cream, then thoroughly squeeze out the gelatine, previously soaked in cold water, and dissolve in the cream while still warm. When the mixture is cool fold in the orange zest, Grand Marnier and the whipped cream. Finally whip the egg whites with the sugar and carefully fold into the mixture. Fill into small moulds and place in the refrigerator.

Chocolate cream

250 g cream
40 g sugar
10 g cocoa powder
1/2 vanilla pod
3 egg yolks
15 g couverture chocolate
3 sheets of gelatine
3 egg whites
15 g sugar
5 cl cream
1 cl Grand Marnier
1 tsp finely grated orange zest

Mix the sweet chestnut purée, which you have either made yourself or bought ready-made, with the vanilla cream. Thoroughly squeeze out the gelatine, previously soaked in cold water, dissolve over a low heat in the kirsch and blend with the sweet chestnut mixture. Whip the egg white with the sugar until it is stiff and carefully fold into the sweet chestnut purée mixture with the whipped cream. Fill into small moulds.

Sweet chestnut cream

150 g chestnut purée
80 g vanilla cream (recipe page 80)
2 cl kirsch
2 sheets of gelatine
2 egg whites
40 g sugar
8 cl cream

Heat the coconut milk, egg yolks and palm sugar and heat until the mixture reaches the nappe stage (85° C). Thoroughly squeeze out the gelatine, previously soaked in cold water, and dissolve over a low heat in the coconut liqueur and lemon juice. Mix with the cold egg yolk mixture, whip the egg whites with the sugar until very stiff and fold in lightly. Finally fold in the whipped cream, fill into small moulds and place in the refrigerator.

Coconut cream

3 dl coconut milk
4 egg yolks
60 g palm sugar
6 sheets of gelatine
4 cl coconut liqueur
1 cl lemon juice
3 egg whites
60 g sugar
250 g cream

Halbgefrorenes oder Parfait

Das Parfait wird auch „Halbgefrorenes“ genannt und dementsprechend sollte ein Gast sein Parfait auch in diesem Zustand erhalten, denn halbgefroren schmeckt es ausgezeichnet, weil sich der Geschmack viel besser entfalten kann, als wenn es steinhart durchgefroren wäre.

Tipp:
Ein Fachmann verwendet keine Gelatine für ein Halbgefrorenes. Vorausgesetzt, es ist richtig zubereitet worden, setzt es sich nicht ab, läuft nicht davon und bleibt mindestens fünf Minuten auf dem Teller erhalten.
Grundsätzlich unterscheidet man Parfaits in zwei Gruppen, das Fruchtparfait und das Kremparfait.
Das Wichtigste beim Parfait sind jedoch die drei verschiedenen Zubereitungsarten.

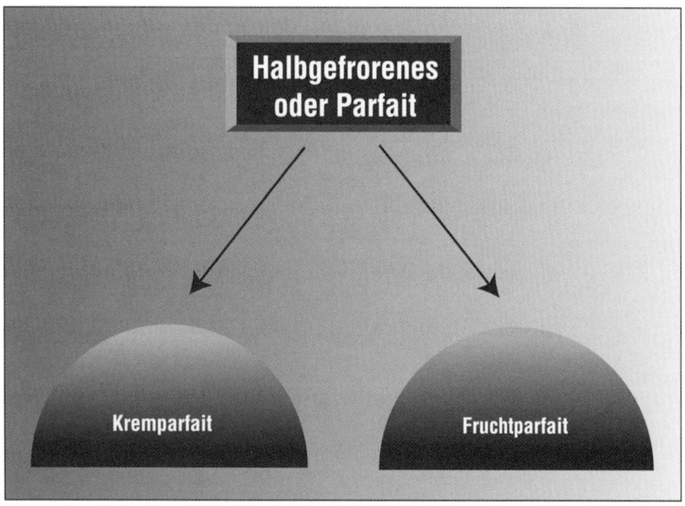

1. Warm – kalt schlagen

Warm – kalt rühren oder schlagen ist die wahrscheinlich häufigste und bekannteste Art, ein Parfait zuzubereiten. Jedoch ist diese Art vom gesundheitlichen Standpunkt aufgrund der Bakteriengefahr nicht die sicherste Art. Außerdem besteht die Gefahr, dass sich die Flüssigkeit von den anderen Inhaltsstoffen absetzt, wenn der Flüssigkeitsanteil zu groß ist. Nach dem Gefrieren und Stürzen des Parfaits kann man öfter beobachten, dass sich die Flüssigkeit leicht abgesetzt hat.

2. Kochen zur Fadenprobe

Eine sehr einfache Zubereitung und vom gesundheitlichen Standpunkt her die wahrscheinlich sicherste Zubereitungsart. Der Zucker wird mit der Flüssigkeit, den Eigelben und den diversen Geschmacksträgern in einem Kessel über kochendem Wasser solange erhitzt bis die Masse ca. 105° – 106° C erreicht hat. Dadurch bindet bereits der Zucker sehr leicht die Masse. Dies bezeichnet der Patissier als Fadenprobe, weil früher diese Temperatur mit den Fingern getestet wurde und dabei ein dünner Zuckerfaden zu sehen war. Die Eiermasse kann durch die Übersättigung des Zuckers nicht mehr gerinnen.
Diese Zubereitung wählt man bei einer kleineren Menge.

3. Italienische Zubereitung

Diese Zubereitung wird speziell bei großen Rezepturen angewandt.
Zum Zucker im Rezept gibt man zur Hälfte Wasser dazu und kocht ihn bei 125° C. Diesen heiß kochenden Zuckersud läßt man unter ständigem Rühren langsam in die Eigelbe oder Eier einlaufen. Nun gibt man die diversen Geschmacksträger dazu und kühlt das Gemisch mit der kalten Flüssigkeit im Rezept ab. Danach wird die Masse passiert und die geschlagene Sahne untergehoben.

Parfait

In German a parfait is also called "Halbgefrorenes" which means semi-frozen, and this dish should also be served to your guests in this way, as the taste can unfold much better when the parfait is in a semi-frozen state and not frozen as hard as a rock.

Our tip:
An expert never uses gelatine for a parfait. If it is made correctly it does not separate or become runny and keeps its shape on the plate for at least five minutes.

There are two basic types of parfait; fruit parfaits and cream parfaits.
The most important aspects of a parfait are, however, the three main methods of preparation.

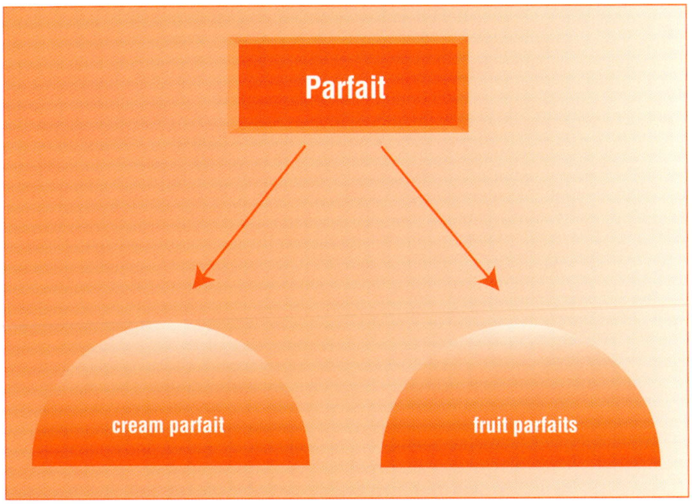

1.) Whipping warm - beating cold

Whipping warm – beating cold is probably the most common and popular method of making a parfait. However, from a bacteriological viewpoint this is not the safest method. There is also the risk that the liquid could separate from the other ingredients if the liquid content is too high. When the parfait is frozen and turned out, you can often see that the liquid has separated slightly.

2.) Boiling to the fine thread stage

This is a very simple method and from the bacteriological viewpoint probably the safest. With this method the sugar is heated with the liquid egg yolks and various flavourings in a pan over boiling water until the mixture reaches a temperature of approximately 105°–106° C. The sugar then binds the mixture very easily. Pastry chefs refer to this as the fine thread stage, as this temperature used to be tested with the thumb and forefinger to see if a thin sugar thread formed between them. The egg mixture can no longer curdle as the sugar is oversaturated.
This method is suitable for small quantities.

3.) Italian method

This preparation method is especially suitable for large quantities.
Add half of the sugar quantity given in the recipe in water to the sugar and heat to 125° C. This boiling sugar syrup is then slowly poured into the egg yolks or eggs while stirring constantly. The various flavour enhancers are then added and the mixture cooled with the cold liquid stipulated in the recipe. The mixture is then strained and the whipped cream folded in.

Halbgefrorenes oder Parfait

Passionsfruchtparfait

2,5 dl Passionsfruchtsaft
100 g Zucker
30 g Glucose
1/2 Vanilleschote
1 cl Rum
3 Eigelbe
6 dl Sahne

Passionsfruchtsaft mit Zucker, Glucose und Vanilleschote auf 106° C kochen. Rum beigeben und diese heiße Zuckermasse langsam unter die schaumig laufenden Eigelbe einrühren. Die Masse kalt rühren, passieren und anschließend die geschlagene Sahne unterheben und gefrieren.

Ingwerparfait

12 Eigelbe
2,5 dl Sekt
1,5 dl Ginger Ale
(Ingwer-Limonade)
100 g Zucker
50 g Honig
1 Prise Salz
2 EL Ingwer
6 Eiweiß, pasteurisiert
90 g Zucker
4,5 dl Sahne

Eigelbe, Sekt, Ginger Ale, Zucker, Honig und Salz in einem Kessel über kochendem Wasser schaumig und dick schlagen. Die Masse passieren, den gedünsteten, fein gehackten Ingwer beigeben und rasch kalt rühren. Eiweiß und Zucker auf 70° C erhitzen, zu einem steifen Schnee schlagen und unter die Ingwersabayon leicht einrühren. Die geschlagene Sahne unterziehen und gefrieren.

Zitronenparfait

3 Zitronen / Saft
2 Limetten / Saft
100 g Butter
90 g Zucker
1 EL Limettenschale
1 Eigelb
2 Eier
4 Eiweiß pasteurisiert
100 g Zucker
1 dl Sahne

Den Saft der Zitronen und Limetten mit der Butter aufkochen. Die Masse mit Zucker, den Eigelben und den ganzen Eiern zur Rose (85° C) abziehen und passieren . Etwas abkühlen lassen und die fein geriebene Limettenschale beigeben. Eiweiß und Zucker auf 70° C erhitzen, zu einem steifen Schnee schlagen und unter die Masse ziehen. Danach die geschlagene Sahne unterheben und gefrieren.

Heat the passion fruit juice with the sugar, glucose and the vanilla pod to 106° C. Add the rum and slowly stir this hot sugar mixture into the egg yolks which have been whipped until frothy. Beat the mixture until cold, strain, fold in the whipped cream and freeze.

Passion fruit parfait

2.5 dl passion fruit juice
100 g sugar
30 g glucose
1/2 vanilla pod
1 cl rum
3 egg yolks
6 dl cream

Whip the egg yolks, cava, ginger ale, sugar, honey and salt in a pan over boiling water until it is thick and foamy. Strain the mixture, add the boiled, finely chopped ginger and quickly beat until cold. Heat the egg white and sugar to 70° C, whip until stiff and carefully stir into the ginger sabayon. Fold in the whipped cream and freeze.

Ginger parfait

12 egg yolks
2.5 dl cava (sparkling wine)
1.5 dl ginger ale
(ginger lemonade)
100 g sugar
50 g honey
1 pinch of salt
2 dsp ginger
6 egg whites, pasteurised
90 g sugar
4.5 dl cream

Boil the juice of the lemons and limes with the butter. Heat the mixture with the sugar, the egg yolks and the eggs until it reaches the nappe stage (85° C) and strain. Leave to cool slightly and add the finely grated lime zest. Heat the egg white and sugar to 70° C, whip until stiff and carefully stir into the mixture. Then fold in the whipped cream and freeze.

Lemon parfait

3 lemons / juice
2 limes / juice
100 g butter
90 g sugar
1 dsp lime zest
1 egg yolk
2 eggs
4 egg whites, pasteurised
100 g sugar
1 dl cream

Halbgefrorenes oder Parfait

Walnussparfait

80 g Zucker
120 g Walnüsse
4 Eigelbe
50 g Honig
80 g Zucker
2 dl Milch
1/2 Vanilleschote
2 cl Grand Marnier
3 dl Sahne

Den Zucker goldbraun karamellisieren, Walnüsse beigeben und auf ein geöltes Backblech leeren. Den nun kalten Walnusskrokant grob hacken. Eigelbe, Honig und Zucker schaumig schlagen, die heiße Milch mit der Vanilleschote dazugeben und zur Rose (85° C) abziehen. Die Eiermasse kalt rühren und passieren. Grand Marnier beigeben, die geschlagene Sahne mit dem fein gehackten Walnusskrokant unterheben und tiefgefrieren.

Nugatparfait

6 Eigelbe
50 g Zucker
1 cl Cognac
2 cl Rum 40%
4 cl Wasser
1/2 Vanilleschote
1 Prise Salz
80 g Nugat
100 g Kuvertüre (bitter)
3,4 dl Sahne
40 g Mandelsplitter
20 g Kuvertüre (bitter)

Eigelbe, Zucker, Alkohol, Wasser, Mark der Vanilleschote und Salz schaumig aufschlagen und zur Rose (85° C) abziehen und passieren. Die etwas angewärmte Nugatmasse und die aufgelöste Kuvertüre in der Eiermasse glatt rühren. Die geschlagenen Sahne mit Mandelsplittereinlage unterheben und tiefgefrieren.

Tipp:
Die Einlage für das Parfait kann man schon am Vortag zubereiten. Die aufgelöste Kuvertüre mit Mandelsplitter gut vermischen und anziehen lassen. Die Schokoladenmandelsplitter fein hacken.

Mokkaparfait

6 Eigelbe
220 g Zucker
30 g gemahlener Kaffee
1/8 l Wasser
1/8 l Sahne
1 cl Cognac
1 cl Kaffeelikör
3,5 dl Sahne

Eigelbe und Zucker schaumig schlagen. Kaffee mit heißem Wasser überbrühen, Sahne und Eigelbmasse beigeben und zur Rose (85° C) abziehen. Die Mokkamasse passieren und etwas auskühlen lassen, Cognac und Kaffeelikör dazugeben und die geschlagene Sahne leicht unterheben. Die Masse tiefgefrieren.

Caramelise the sugar until golden brown, add the walnuts and pour onto a greased baking sheet. When cold, roughly chop the walnut cracknel. Whip the egg yolks, honey and sugar until foamy, add the hot milk with the vanilla pod and heat until the mixture reaches the nappe stage (85° C). Beat the mixture until cold and strain. Add the Grand Marnier, fold in the whipped cream with the chopped walnut cracknel and freeze.

Walnut parfait

80 g sugar
120 g walnuts
4 egg yolks
50 g honey
80 g sugar
2 dl milk
1/2 vanilla pod
2 cl Grand Marnier
3 dl cream

Whip the egg yolks, sugar, alcohol, water, flesh of the vanilla pod and the salt until frothy, heat until the mixture reaches the nappe stage (85° C) and strain. Mix the slightly heated nougat and the melted couverture chocolate into the egg mixture until smooth. Fold in the whipped cream with the flaked almonds and freeze.

Our tip:
The filling for this parfait can be prepared one day in advance. Mix the melted chocolate well with the flaked almonds and leave to set. Finely chop the chocolate flaked almonds.

Nougat parfait

6 egg yolks
50 g sugar
1 cl brandy
2 cl rum 40 percent proof
4 cl water
1/2 vanilla pod
1 pinch of salt
80 g nougat
100 g bitter couverture
3.4 dl cream
40 g flaked almonds
20 g bitter couverture

Whip the egg yolks and sugar until frothy. Pour the hot water over the coffee, add the cream and egg yolks and heat until the mixture reaches the nappe stage (85° C). Strain the mocha mixture and leave to cool slightly, add the brandy and the coffee liqueur and lightly fold in the whipped cream. Freeze the mixture.

Mocha parfait

6 egg yolks
220 g sugar
30 g ground coffee
1/8 l water
1/8 l cream
1 cl brandy
1 cl coffee liqueur
3.5 dl cream

Halbgefrorenes oder Parfait

Weißweinparfait
1. Tag

5 dl Weißwein
325 g Butter
130 g Zucker
Vanille, Salz
2 Eigelbe (pasteurisiert)

Weißwein mit Butter, Zucker und Gewürzen aufkochen, etwas abkühlen lassen und in einer Emulgiermaschine mit mindestens 16 000 Umdrehungen emulgieren. Eigelbe darunter rühren und im Kühlschrank über Nacht stehen lassen.

2. Tag

3 Eigelbe (pasteurisiert)
80 g Zucker
3 cl Marc de Champagne

Eigelbe mit Zucker schaumig aufschlagen. Weinmasse vom Vortag schaumig aufschlagen, beide schaumig geschlagenen Massen vermengen. Marc de Champagne beimengen und das Ganze gefrieren.

Weinbrandparfait

6 Eigelbe
200 g Zucker
1/4 l Milch
1 Vanilleschote
6 cl Weinbrand oder Cognac
5 dl Sahne

Eigelbe und Zucker schaumig schlagen, die heiße Milch mit dem Mark der Vanilleschote dazu gießen und das Ganze zur Rose (85° C) abziehen. Passieren und abkühlen. Unter die nun kalte Eiermasse Weinbrand und die geschlagenen Sahne unterheben. Die Masse gefrieren.

White wine parfait

Day 1:

5 dl white wine
325 g butter
130 g sugar
Vanilla, salt
2 egg yolks (pasteurised)

Boil the white wine with the butter, sugar and spices, leave to cool slightly and emulsify in a machine at a minimum speed of 16,000 rpm. Mix in the egg yolks and leave to stand in the refrigerator overnight.

Day 2:

3 egg yolks (pasteurised)
80 g sugar
3 cl Marc de Champagne

Whip the egg yolks and sugar until frothy. Whip the wine mixture from the previous day until frothy, blend both whipped mixtures. Add the Marc de Champagne and freeze.

Brandy parfait

6 egg yolks
200 g sugar
1/4 l milk
1 vanilla pod
6 cl brandy
5 dl cream

Whip the egg yolks and sugar until frothy, add the hot milk with the flesh of the vanilla pod and heat until the mixture reaches the nappe stage (85° C). Strain and cool. Add the brandy and the whipped cream to the cold egg mixture. Freeze the mixture.

Soufflee, Pudding und Auflauf

Soufflee, Pudding und Aufläufe

Sie sind verwandt und doch sehr verschieden. Es ist traurig, dass sogar Fachleute den Unterschied zwischen Soufflee, Pudding und Auflauf nicht kennen.

Was ist ein Soufflee?

Ein Soufflee ist nur dann ein Soufflee, wenn die Vorteigmasse wie ein Brandteig zubereitet wurde. Das heißt, die Milch wird mit Butter und Stärke oder Mehl bzw. Grieß oder dergleichen zu einem Brandteig gekocht. Später kommen die Eigelbe und Aromastoffe dazu und danach wird das geschlagene Eiweiß mit Zucker unter die Brandteigmasse gerührt, in Förmchen gefüllt und gebacken.

Was ist ein Pudding?

Im Gegensatz zum Soufflee wird hier kein Brandteig gekocht. Es werden lediglich Butter, Zucker und Eigelbe sehr schaumig geschlagen, die Aromastoffe hinzugefügt und das mit Zucker geschlagene Eiweiß untergerührt. In Förmchen gefüllt und im Wasserbad gebacken oder pochiert.

Wichtig!
Ein Soufflee ohne Brandteig-Vormasse darf niemals als Soufflee bezeichnet werden. Es würde sich hier um einen Pudding handeln.

Was ist ein Auflauf?

Aufläufe sind in der Regel mit Butter gerührte Massen ohne Brandteig. Aufläufe werden meistens in größeren Portionen zubereitet und es können auch verschiedene Früchte, Nüsse und dergleichen unter die Masse gearbeitet werden.

Tipp: Zum guten Gelingen eines Soufflees oder Puddings gehört auch ein gleichmäßig gut backender Ofen; hier eignet sich noch immer ein konventioneller Stickbackofen am besten. Bei Umluftöfen mit Ventilator besteht die Gefahr, dass das Backwerk durch die Umluft verblasen wird.

Wichtig!
Um einen guten Backerfolg zu erhalten, ist es absolut notwendig, dass das Soufflee oder der Pudding die ersten 5 Minuten bei steigender Hitze bäckt. Man schiebt die Soufflees oder die Puddinge bei ca. 160° C in den Ofen und erhöht dann bis auf 195° C – 200° C. So kann sich das Teiggerüst besser entwickeln und wird schöner, gerader und höher.

Vanillesoufflee (klassisch)

5 dl Milch
125 g Mehl
63 g Butter
63 g Zucker
1 Vanilleschote
2 Eier
2 Eigelbe
6 Eiweiß
63 g Zucker

Milch, Mehl, Butter Zucker und Vanille zu einem kompakten Brandteig kochen. Den Teig etwas abkühlen lassen, Eier und Eigelbe unterrühren. Die gesamte Masse passieren. Eiweiß und Zucker zu festem Schnee schlagen und unter die Vanille-Brandteigmasse rühren. In gebutterte, gezuckerte Förmchen füllen und ca. 30 Minuten bei 200° C backen.

Soufflé, pudding and baked pudding

Soufflé, Pudding and Baked Puddings

These are related desserts, but still vary considerably. It is tragic that even experts do not know the difference between a soufflé, a pudding and a baked pudding.

What is a soufflé?

A soufflé is only a soufflé if the basic mixture is prepared in the same way as choux pastry. This means that the milk is boiled with the butter and cornflour or flour, semolina or similar to make a choux pastry mixture. The egg yolks and flavourings are then added and the whipped egg white with sugar is then mixed into the choux pastry mixture, which is then filled into small moulds and baked.

What is a pudding?

In contrast to the soufflé method, no choux pastry mixture is made. In this case only butter, sugar and egg yolks are whipped until they are very frothy, the flavourings are added and the egg whites whipped with sugar then folded in. This mixture is then filled into moulds and baked or poached in a bain marie.

Important!
A dessert without a choux pastry basic mixture should never be called a soufflé. This would be a pudding.

What is a baked pudding?

Baked puddings are normally made with mixtures mixed with butter and without choux pastry. They are normally made in large quantities, and different fruit, nuts etc. can be added to the mixture.

Our tip: One important prerequisite for the success of a soufflé or a pudding is an oven with an even heat, and a conventional oven is still the best type. In fan-assisted ovens the circulating air could adversely affect baking results.

Important!
In order to ensure best baking results it is absolutely essential that the soufflé or the pudding is baked for the first five minutes at an increasing temperature. Place the soufflés or puddings into the oven at approximately 160° C and then increase the temperature to 195° C – 200° C. The frame can then develop more easily and is higher, straighter and more attractive.

Vanilla soufflé (classic)

5 dl milk
125 g flour
63 g butter
63 g sugar
1 vanilla pod
2 eggs
2 egg yolks
6 egg whites
63 g sugar

Cook the milk, flour, butter, sugar and vanilla to a compact choux pastry. Leave the mixture to cool slightly, then add the eggs and the egg yolks. Strain the mixture. Whip the egg whites and the sugar until very stiff and mix into the vanilla choux pastry mixture. Fill into buttered, sugared small moulds and bake at 200° C for approximately 30 minutes.

Maraschinosoufflee

3 dl Milch
5 cl Maraschino
30 g Zucker
50 g Hartweizengrieß
2 Eigelbe
3 Eiweiß
30 g Zucker

Die Milch mit Zucker, Maraschino und Hartweizengrieß unter ständigem Rühren zu einem dicken Brei kochen. Die Masse lauwarm auskühlen lassen, zwei Eigelbe dazugeben und glatt rühren. Das Eiweiß mit dem restlichen Zucker zu einem steifen Schnee schlagen und das geschlagene Eiweiß unter die Grießmasse heben. Die Masse in gebutterte und gezuckerte Förmchen füllen. Bei 200° C ca. 25 – 28 Minuten backen.

Soufflee von Zwergorangen: (Kumquats)

80 g Zwergorangen
1 dl Orangensaft
30 g Marzipan
20 g Stärke
2 Eigelbe
10 g grob gehackte Walnüsse
3 Eiweiß
40 g Zucker

Die Zwergorangen waschen, halbieren, entkernen und pürieren. Den Orangensaft mit Stärke anrühren und mit Zwergorangenpüree gut aufkochen. Marzipan und die Eigelbe einrühren. Eiweiß und Zucker zu Schnee schlagen und unter die Orangenmasse ziehen. Die Masse in gebutterte und gezuckerte Förmchen füllen und bei 200° C ca. 28 Minuten backen.

Rhabarbersoufflee

250 g Rhabarber
1 dl Weißwein
25 g Himbeersoße
2 dl Milch
60 g Zucker
40 g Stärke
1/2 Vanilleschote
1 Ei
2 Eigelbe
4 Eiweiß
80 g Zucker

Den Rhabarber schälen und in kleinere Stücke schneiden, mit Weißwein und Himbeersoße zum Kochen bringen und unter ständigem Rühren auf ca. 200 g reduzieren. Milch, Zucker, Stärke und Vanillemark unter die Rhabarbermasse ziehen und nochmals gut aufkochen. Abkühlen lassen, Ei und Eigelbe nacheinander einrühren. Eiweiß und Zucker zu Schnee schlagen und unter die Rhabarbermasse ziehen. Die Masse in gebutterte, gezuckerte Förmchen füllen und bei 200° C ca. 30 – 32 Minuten backen.

Maraschino soufflé

3 dl milk
5 cl maraschino
30 g sugar
50 g semolina
2 egg yolks
3 egg whites
30 g sugar

Heat the milk with the sugar, maraschino and semolina to make a thick mixture, stirring all the time. Leave to cool until lukewarm, add the two egg yolks and mix until smooth. Mix the egg white with the remaining sugar until very stiff and fold into the semolina mixture. Fill into buttered and sugared small moulds. Bake at 200° C for approximately 25 – 28 minutes.

Kumquat soufflé

80 g kumquats
1 dl orange juice
30 g marzipan
20 g cornflour
2 egg yolks
10 g roughly chopped walnuts
3 egg whites
40 g sugar

Wash the kumquats, cut into half, remove the seeds and purée. Mix the orange juice with the cornflour and boil well with the kumquat purée. Mix in the marzipan and the egg yolks. Whip the egg whites and the sugar until stiff and fold into the kumquat mixture. Fill the mixture into buttered and sugared small moulds and bake at 200° C for approximately 28 minutes.

Rhubarb soufflé

250 g rhubarb
1 dl white wine
25 g raspberry sauce
2 dl milk
60 g sugar
40 g cornflour
1/2 vanilla pod
1 egg
2 egg yolks
4 egg whites
80 g sugar

Peel the rhubarb and cut into small pieces, boil with the white wine and raspberry sauce and reduce to approximately 200 g while stirring continuously. Mix the milk, sugar, cornflour and flesh of the vanilla pod with the rhubarb mixture and bring to the boil once more. Leave to cool, add the egg and egg yolks one after the other. Whip the egg whites and sugar until stiff and fold into the rhubarb mixture. Fill the mixture into buttered and sugared small moulds and bake at 200° C for approximately 30 – 32 minutes.

Lebkuchenpudding

80 g Lebkuchenbrösel
60 g Butter
20 g Zucker
4 Eigelbe
1 cl Rum
etwas Zimtpulver
etwas Nelkenpulver
etwas geriebene Orangenschale
etwas geriebene Zitronenschale
25 g Korinthen
3 Eiweiß
40 g Zucker

Butter und Zucker schaumig schlagen, nach und nach die Eigelbe einrühren und weiter schaumig schlagen. Gewürze und Geschmacksträger hinzufügen. Das geschlagene Eiweiß mit Zucker unterheben und in gebutterte, gezuckerte Förmchen füllen und im Wasserbad bei 190° C ca. 30 – 32 Minuten backen.

Erdbeerpudding

240 g Erdbeeren
1 cl Grand Marnier
100 – 120 g Zucker
5 Eiweiß
50 g Zucker

Die Erdbeeren waschen und entstielen; Zucker beigeben, pürieren und passieren. Das Eiweiß mit Zucker zu Schnee schlagen und unter das Fruchtpüree ziehen. Die Masse in gebutterte, gezuckerte Förmchen füllen. Im seichten Wasserbad bei 210° C ca. 25 – 28 Minuten backen.

Quarkpudding

2 Eigelbe
30 g Zucker
1/2 Zitronenschale
100 g Quark
3 Eiweiß
30 g Zucker

Eigelbe mit Zucker gut schaumig schlagen, die geriebene Zitronenschale zum passierten Quark geben und das Ganze glatt rühren. Das Eiweiß mit Zucker zu einem steifen Schnee schlagen und unter die Quarkmasse heben. Die Masse in gebutterte und gezuckerte Förmchen füllen. Im Wasserbad bei 180° C ca. 22 – 25 Minuten backen.

Gingerbread pudding

80 g crumbled gingerbread
60 g butter
20 g sugar
4 egg yolks
1 cl rum
pinch of ground cinnamon
pinch of ground cloves
grated orange zest
grated lemon zest
25 g currants
3 egg whites
40 g sugar

Whip the butter and sugar until frothy, slowly add the egg yolks and continue to whip until frothy. Add the spices and flavourings. Fold in the whipped egg whites and sugar, fill into buttered and sugared small moulds and bake in a bain marie at 190° C for approximately 30 – 32 minutes.

Strawberry pudding

240 g strawberries
1 cl Grand Marnier
100 – 120 g sugar
5 egg whites
50 g sugar

Wash the strawberries and remove the stalks, add the sugar, purée and rub through a sieve. Whip the egg whites and the sugar until stiff and fold into the fruit purée. Fill the mixture into buttered and sugared small moulds. Bake in a shallow bain marie at 210° C for approximately 25 – 28 minutes.

Quark pudding

2 egg yolks
30 g sugar
zest of 1/2 lemon
100 g quark
3 egg whites
30 g sugar

Whip the egg yolks with the sugar until frothy, add the grated zest of the lemon to the quark, which has been rubbed through a sieve, and mix until smooth. Whip the egg white with the sugar until it is stiff and fold into the quark mixture. Fill into buttered and sugared small moulds. Bake in a bain marie at 180° C for approximately 22 – 25 minutes.

Soufflee, Pudding und Auflauf

Tapiokapudding

6 dl Milch
80 g Butter
30 g Zucker
2 Vanilleschoten
125 g Tapioka
1 Orangenschale
2 cl Grand Marnier
8 Eigelbe
6 Eiweiß
50 g Zucker

Die Milch mit Zucker, Butter und Mark der Vanilleschote zum Kochen bringen, Tapioka beigeben und nochmals aufkochen. Das Ganze im vorgeheizten Ofen bei 180° C, auf ein Gitter gestellt, ca. 20 – 25 Minuten abgedeckt ziehen lassen (der Tapioka sollte dabei weich werden). Die Masse gut abkühlen lassen. Eigelbe, Grand Marnier und die fein geriebene Orangenschale beigeben und leicht glatt rühren. Das Eiweiß mit Zucker zu einem steifen Schnee schlagen und vorsichtig unter die Tapiokamasse heben. Die Masse in leicht gebutterte und gezuckerte Förmchen füllen und im heißen Wasserbad bei 200° C im vorgeheizten Backofen 28 – 30 Minuten backen.

Nusspudding

160 g Butter
80 g Zucker
6 Eigelbe
1 TL Stärke
1 cl Milch
1 Prise Zimtpulver
1/2 Zitronenschale
200 g geriebene Walnüsse
140 g Biskuitbrösel
1 cl Rum 80 %
6 Eiweiß
80 g Zucker

Die etwas weiche Butter mit Zucker schaumig schlagen, nacheinander Eigelbe hinzufügen und weiter schaumig schlagen. Die Stärke mit Milch anrühren, das Zimtpulver und die fein geriebene Zitronenschale beimengen und in die Buttermasse unterrühren. Biskuitbrösel mit Rum befeuchten, die geriebenen Nüsse beigeben und unter die Buttermasse ziehen. Das Eiweiß mit Zucker zu einem steifen Schnee schlagen und leicht unter die Nussmasse heben. Das Ganze in gebutterte und gezuckerte Förmchen füllen und im heißen Wasserbad 40 – 45 Minuten bei 200° C im vorgeheizten Backofen backen.

Tapioca pudding

6 dl milk
80 g butter
30 g sugar
2 vanilla pods
125 g tapioca
zest of 1 orange
2 cl Grand Marnier
8 egg yolks
6 egg whites
50 g sugar

Boil the milk with the sugar, butter and the flesh of the vanilla pods, add the tapioca and bring back to the boil. Cover and place the mixture on a rack in a pre-heated oven at 180° C and leave to cook for approximately 20 – 25 minutes (the tapioca should become soft). Leave the mixture to cool thoroughly. Add the egg yolks, the Grand Marnier and the finely grated orange zest and mix lightly until smooth. Whip the egg white with the sugar until it is stiff, and carefully fold into the tapioca mixture. Place the mixture into lightly buttered and sugared small moulds and bake in a hot bain marie in an oven pre-heated to 200° C for 28 – 30 minutes.

Nut pudding

160 g butter
80 g sugar
6 egg yolks
1 tsp cornflour
1 cl milk
1 pinch of ground cinnamon
zest of 1/2 lemon
200 g ground walnuts
140 g crumbled sponge
1 cl rum 80 percent proof
6 egg whites
80 g sugar

Whip the slightly softened butter with the sugar until frothy, add the egg yolks one by one and continue to whip. Mix the cornflour with the milk, the ground cinnamon and the finely grated lemon zest and mix into the butter mixture. Moisten the crumbled sponge with rum, add the ground nuts and fold into the butter mixture. Whip the egg whites with the sugar until stiff and lightly fold into the nut mixture. Fill the mixture into buttered and sugared small moulds and bake in a hot bain marie for 40 – 45 minutes in an oven pre-heated to 200° C.

Frankfurter Pudding

100 g Butter
80 g Zucker
100 g Biskuitbrösel
80 g geriebene Mandeln
8 Eigelbe
100 g Rosinen
1 Prise Salz
1/2 Zitronenschale
1 Prise Zimtpulver
8 Eiweiß
80 g Zucker
20 g Stärke

Die etwas weiche Butter mit dem Zucker schaumig schlagen, abwechslungsweise Eigelb, Biskuitbrösel und geriebene Mandeln zur weichen Butter geben und immer wieder glatt rühren. Das Eiweiß mit Zucker zu einem steifen Schnee schlagen. Stärke vorsichtig unter den steifen Schnee ziehen und nun den festen Schnee leicht unter die Buttermasse heben. Rosinen, Salz, die fein geriebene Zitronenschale und Zimtpulver dazugeben und leicht untermengen. Das Ganze in gebutterte, gezuckerte Förmchen füllen und im heißen Wasserbad und vorgeheizten Backofen bei 200° C ca. 40 – 45 Minuten pochieren.

Leichtes Omelette

50 g Zucker
6 Eigelbe
3 Vanilleschoten
1/2 Zitronenschale
1/2 Orangenschale
1 EL Stärke
10 Eiweiß
180 g Zucker

Die Eigelbe mit Zucker, dem Mark der Vanilleschote sowie der Zitronen- und Orangenschale schaumig schlagen. Die Stärke unter die Eier ziehen. Eiweiß mit Zucker zu einem steifen Schnee schlagen und unter die Eiermasse heben. Drei Viertel der Masse auf eine passende, ovale, gebutterte und mit Zucker bestreute Silberplatte schiffchenförmig aufstreichen. Den Rest der Masse mit Hilfe eines Spritzbeutels und einer Lochtülle zum Ausgarnieren des Schiffchens verwenden (rasch arbeiten). Das Ganze mit Puderzucker bestäuben und im vorgeheizten Ofen 200° C (bei offenem Zug) 12 – 14 Minuten backen. Fertig gebacken nochmals leicht mit Puderzucker bestäuben.

Frankfurt pudding

100 g butter
80 g sugar
100 g crumbled sponge
80 g ground almonds
8 egg yolks
100 g raisins
1 pinch of salt
zest of 1/2 lemon
1 pinch of ground cinnamon
8 egg whites
80 g sugar
20 g cornflour

Whip the slightly softened butter with the sugar until frothy, alternately add the crumbled sponge and ground almonds to the softened butter and keep mixing until smooth. Whip the egg whites with the sugar until stiff. Carefully fold the cornflour into the stiff egg whites and then lightly fold the stiff egg whites into the butter mixture. Add the raisins, salt, the finely grated lemon zest and the ground cinnamon and mix lightly. Fill the mixture into buttered and sugared moulds and poach in a hot bain marie for 40 – 45 minutes in an oven pre-heated to 200° C.

Light omelette

50 g sugar
6 egg yolks
3 vanilla pods
zest of 1/2 lemon
zest of 1/2 orange
1 dsp cornflour
10 egg whites
180 g sugar

Whip the egg yolks with the sugar, the flesh of the vanilla pods and the zest of the lemon and orange until frothy. Fold the cornflour into the eggs. Whip the egg whites with the sugar until it is stiff and fold into the egg mixture. Spread three quarters of the mixture onto a suitable oval, buttered and sugar-dusted silver platter in the shape of a boat. Use the rest of the mixture to decorate the boat with a piping bag and piping tube (work quickly). Dust everything with icing sugar and bake in a pre-heated oven at 200° C (with an open vent) for 12 – 14 minutes. After finishing baking dust lightly once more with icing sugar.

Mohr im Hemd (Schokoladenpudding)

80 g Butter
30 g Zucker
5 Eigelbe
100 g Kuvertüre (Vanille)
100 g geriebene Mandeln
30 g Biskuitbrösel
1 Prise Salz
5 Eiweiß
50 g Zucker

Die etwas weiche Butter mit dem Zucker schaumig schlagen und abwechselnd Eigelbe und aufgelöste Kuvertüre beigeben. In die Schokoladenmasse geriebene Mandeln, Biskuitbrösel und Salz glatt unterrühren. Eiweiß und Zucker zu einem steifen Schnee schlagen und behutsam unter die Schokoladenmasse ziehen. Das Ganze in leicht gebutterte und gezuckerte Förmchen füllen und im heißen Wasserbad bei 200° C im vorgeheizten Ofen 40 – 45 Minuten pochieren/backen.

Anrichten: Den Mohr (Pudding) in die Mitte des Tellers stürzen und mit warmer Schokoladensoße überziehen. Durch das Überziehen sollte dabei ein runder, jedoch nicht zu großer Schokoladenspiegel entstehen. Auf den Mohr einen Tupfen geschlagene Sahne geben, der dann herunter laufen und wie ein Knopf im Hemd aussehen soll. Rund um den Tellerrand und auf den Scholadenspiegel einige Schokoladenspäne streuen.
Unverzüglich servieren.

Mohnauflauf

1 1/2 Semmeln
2,5 dl Rotwein
80 g Butter
30 g Zucker
4 Eigelbe
12 g Biskuitbrösel
70 g geriebener Blaumohn
1 Vanilleschote
1/2 Orangenschale
4 Eiweiß
50 g Zucker

Die Semmeln in Rotwein einweichen und Butter mit Zucker und Eigelben schaumig rühren. Die schaumig gerührte Masse mit Biskuitbrösel, geriebenem Mohn, Mark der Vanilleschote, fein geriebener Orangenschale und eingeweichten Semmeln mit Rotwein zu einer Masse vermengen. Das Eiweiß mit Zucker zu einem steifen Schnee schlagen und unter die Mohnmasse ziehen. In eine gebutterte, gezuckerte Auflaufform füllen und bei 200° C im vorgeheizten Ofen ca. 40 Minuten backen.
Nach dem Backen leicht mit Puderzucker bestäuben.

Mohr im Hemd (chocolate pudding)

80 g butter
30 g sugar
5 egg yolks
100 g vanilla couverture chocolate
100 g ground almonds
30 g crumbled sponge
1 pinch of salt
5 egg whites
50 g sugar

Whip the slightly softened butter with the sugar until frothy and alternately add the egg yolks and the melted couverture chocolate. Mix the ground almonds, crumbled sponge and salt into the chocolate mixture until smooth. Whip the egg whites and the sugar until stiff and carefully fold into the chocolate mixture. Fill the mixture into lightly buttered and sugared small moulds and poach / bake in a hot bain marie for 40 – 45 minutes in a pre-heated oven at 200° C.

Serving: Turn the pudding out onto the centre of a plate and coat with warm chocolate sauce. The sauce coating should produce a not-too-large chocolate mirror. Dot a little whipped cream onto the custard which then runs down and is supposed to resemble a button on a shirt.
Sprinkle some chocolate shavings around the edge of the plate and onto the chocolate mirror.
Serve immediately.

Poppyseed baked pudding

1 1/2 bread rolls
2.5 dl red wine
80 g butter
30 g sugar
4 egg yolks
12 g crumbled sponge
70 g ground poppyseeds
1 vanilla pod
zest of 1/2 orange
4 egg whites
50 g sugar

Soak the rolls in the red wine and whip the butter with the sugar and the egg yolks until frothy. Combine the frothy mixture with the crumbled sponge, ground poppyseeds, the flesh of the vanilla pod, the finely grated zest of the orange and the soaked rolls with red wine. Whip the egg whites with the sugar until stiff and fold into the poppyseed mixture. Place into a buttered and sugared dish and bake in a pre-heated oven at 200° C for approximately 40 minutes.
After baking dust lightly with icing sugar.

Reisauflauf

1 l Milch
250 g Reis
1 Vanilleschote
1 Prise Salz
125 g Butter
125 g Puderzucker
3 Eigelbe
4 Eiweiß
75 g Zucker

Die Milch mit Reis sowie mit der Länge nach halbierten Vanilleschote mit Salz zum Kochen bringen und so lange dünsten, bis der Reis weich ist. Die Butter mit dem Puderzucker schaumig rühren, nacheinander die Eigelbe beigeben und das Ganze unter die kalte Reismasse ziehen. (die Vanilleschote vorher entfernen). Das Eiweiß zu einem festen Schnee schlagen und unter die Reismasse ziehen. Das Ganze in eine entsprechende, ausgebutterte und gezuckerte Auflaufform füllen und bei 200° C im vorgeheizten Ofen 30 – 35 Minuten backen. Mit Puderzucker bestäuben.

Grießauflauf

5 dl Milch
100 g Butter
1 Vanilleschote
1 Prise Salz
1/2 Zitronenschale
125 g Grieß
4 Eigelbe
25 g Puderzucker
4 Eiweiß
50 g Zucker

Die Milch mit Butter, Grieß, Mark der Vanilleschote, Salz und fein geriebener Zitronenschale zum Kochen bringen und einige Minuten zu einem festen, kompakten Brei kochen (ständig rühren). Die Masse abkühlen. Die Eigelbe mit Puderzucker schaumig rühren und unter die kalte Grießmasse ziehen. Eiweiß mit Zucker zu einem steifen Schnee schlagen und unter die Grießmasse heben; das Ganze in eine passende, gebutterte, gezuckerte Auflaufform füllen und bei 200° C im vorgeheizten Ofen 30 Minuten backen. Den gebackenen Auflauf mit Puderzucker bestäuben.

Baked rice pudding

1 l milk
250 g rice
1 vanilla pod
1 pinch of salt
125 g butter
125 g icing sugar
3 egg yolks
4 egg whites
75 g sugar

Boil the milk with the rice, the vanilla pod (halved lengthways) with the salt and cook until the rice is soft. Mix the butter with the icing sugar until frothy, add the egg yolks one by one and then add to the cold rice mixture (remove the vanilla pod beforehand). Whip the egg whites and the sugar until stiff and fold into the rice mixture. Place in a suitable buttered and sugared dish and bake at 200° C in a pre-heated oven for 30 – 35 minutes. Dust with icing sugar.

Baked semolina pudding

5 dl milk
100 g butter
1 vanilla pod
1 pinch of salt
zest of 1/2 lemon
125 g semolina
4 egg yolks
25 g icing sugar
4 egg whites
50 g sugar

Bring the milk with the butter, the semolina, the flesh of the vanilla pod, salt and finely grated lemon zest to the boil and cook for several minutes until it forms a firm, compact mass (stir constantly). Leave the mixture to cool, whip the egg yolks with the icing sugar until frothy and fold into the cold semolina mixture. Whip the egg whites with the sugar until stiff and fold into the semolina mixture; place in a suitable buttered and sugared dish and bake for 30 minutes in an oven pre-heated to 200° C. Dust the baked pudding with icing sugar.

Nussauflauf

1 1/2 Semmeln
2,5 dl Milch
80 g Butter
30 g Zucker
4 Eigelbe
80 g geriebene Walnüsse
12 g Biskuitbrösel
1 Vanilleschote
1/2 Zitronenschale
1 cl Rum 80%
4 Eiweiß
50 g Zucker

Die Semmeln in der Milch einweichen und die Butter mit Zucker und Eigelben schaumig rühren. Die Buttermasse mit Nüssen, Brösel, Mark der Vanilleschote, fein geriebener Zitronenschale, Rum und Milch mit den Semmeln nacheinander zu einer Masse vermengen.
Eiweiß mit Zucker zu einem steifen Schnee schlagen und unter die Nussmasse ziehen. In eine gebutterte, gezuckerte Form füllen und im vorgeheizten Ofen bei 200° C ca. 30 Minuten backen.

Birnenauflauf

6 Eigelbe
40 g Puderzucker
1 El Stärke
1/2 Orangenschale
6 Eiweiß
60 g Zucker
Löffelbiskuits
4 – 5 Birnen
5 cl Williamsgeist

Eigelbe mit Puderzucker schaumig rühren, Stärke und fein geriebene Orangenschale beimengen. Eiweiß und Zucker zu einem festen Schnee schlagen und unter die Eigelbmasse ziehen. Die gebutterte und gezuckerte Auflaufform mit Löffelbiskuits auslegen, die vorher weich pochierten, halben Birnen darauf legen und mit Williamsgeist überziehen. Die Auflaufmasse über die Birnen gießen und das Ganze im vorgeheizten Ofen bei 200° C ca. 30 Minuten backen. Den fertigen Birnenauflauf mit Puderzucker bestäuben.

Soak the rolls in the milk and whip the butter with the sugar and the egg yolks until frothy. In turn blend the butter mixture with the nuts, crumbled sponge, vanilla pod flesh, finely grated lemon zest, rum and the milk with the rolls. Whip the egg white with the sugar until it is stiff and fold into the nut mixture. Place into a buttered and sugared dish and bake in a pre-heated oven at 200° C for approximately 30 minutes.

Baked nut pudding

1 1/2 bread rolls
2.5 dl milk
80 g butter
30 g sugar
4 egg yolks
80 g ground walnuts
12 g crumbled sponge
1 vanilla pod
zest of 1/2 lemon
1 cl rum 80 percent proof
4 egg whites
50 g sugar

Whip the egg yolks with the icing sugar, cornflour and the finely grated orange zest. Whip the egg whites and the sugar until stiff and fold into the egg yolk mixture. Line the buttered and sugared dish with sponge fingers, place the previously cooked pear halves on these and coat with the brandy. Pour the pudding mixture over the pears and bake in the pre-heated oven at 200° C for approximately 30 minutes. Dust the baked pear pudding with icing sugar.

Baked pear pudding

6 egg yolks
40 g icing sugar
1 dsp cornflour
zest of 1/2 orange
6 egg whites
60 g sugar
Sponge fingers
4 – 5 pears
5 cl white pear brandy

Maronenauflauf

45 g Zucker
6 dl Milch
250 g Maronen geschält
1 Vanilleschote
125 g Butter
8 Eigelbe
8 Eiweiß
80 g Zucker
5 cl Kirschwasser

Den Zucker hellbraun karamellisieren und langsam mit erwärmter Milch ablöschen; geschälte Maronen und Mark der Vanilleschote beigeben und weich dünsten. Das Ganze pürieren und passieren. Butter und Eigelbe schaumig rühren und unter das Maronenpüree mengen. Eiweiß mit Zucker zu einem steifen Schnee schlagen und mit Kirschwasser unter die Maronenmasse heben. Die Auflaufmasse in eine gebutterte, gezuckerte Form füllen und im vorgeheizten Ofen bei 200° C ca. 30 Minuten backen.

Auflauf „Butterfly – eine Überraschung"

Butter für die Form
Löffelbiskuit
5 – 6 halbe Pfirsiche
4 Eigelbe
150 g Zucker
1 TL Stärke
3 dl Weißwein
4 Eiweiß
100 g Zucker
1 Prise Salz

Eine größere Souffleeform ausbuttern, mit Löffelbiskuit belegen und die vorher pochierten halben Pfirsiche darauf legen. Eigelbe, Zucker, Stärke und Weißwein glatt rühren und in einem Kessel über kochendem Wasser wie eine Sabayon gut dicklich aufschlagen. Die Eierschaummasse über die Pfirsiche gießen und erkalten lassen. Eiweiß mit Zucker und Salz zu einem steifen Schnee schlagen und über die Pfirsich-Eiermasse streichen. Im vorgeheizten Backofen bei 180° C ca. 20 Minuten backen.

Baked sweet chestnut pudding

45 g sugar
6 dl milk
250 g peeled sweet chestnuts
1 vanilla pod
125 g butter
8 egg yolks
8 egg whites
80 g sugar
5 cl kirsch

Caramelise the sugar until light brown and slowly add the warmed milk; add the peeled sweet chestnuts and the flesh of the vanilla pod and cook until soft. Purée and strain the mixture. Whip the butter and egg yolks until frothy and mix with the sweet chestnut purée. Whip the egg white with the sugar until it is stiff and fold into the sweet chestnut mixture with the kirsch. Place the pudding mixture into a buttered and sugared dish and bake in a pre-heated oven at 200° C for approximately 30 minutes.

Baked butterfly surprise pudding

Butter für die Form
Butter for the dish
Sponge fingers
5 – 6 halved peaches
4 egg yolks
150 g sugar
1 tsp cornflour
3 dl white wine
4 egg whites
100 g sugar
1 pinch of salt

Butter a large soufflé mould, line with sponge fingers and place the previously poached peach halves on the fingers. Mix the egg yolks, sugar, cornflour and white wine until smooth and whip in a pan over boiling water in the same way as a sabayon until the mixture is thick. Pour the whipped egg mixture over the peaches and leave to cool. Whip the egg whites with the sugar and salt until stiff and spread over the peach and egg mixture. Bake in a pre-heated oven at 180° C for approximately 20 minutes.

Verschiedene Arten von Crème brûlée

Von Crème brûlée gibt es nach alten Überlieferungen zwei Arten. **Variante 1** ist eine gekochte Eierkrem, die karamellisiert wird und wahrscheinlich auch den Ursprung dieser Krem bildet. **Variante 2**, die hauptsächlich in Frankreich heimisch ist, ist eine pochierte Krem, die später ebenfalls karamellisiert wird. Im deutschsprachigen Raum bezeichnet man jedoch diese Art von Krem als „Flan".

Different types of crème brûlée

There are two traditional types of crème brûlée. The **first type** is an egg custard which is caramelised and is probably the original type. The **second version**, mainly at home in France, is a poached cream, which is also subsequently caramelised. In German-speaking countries this type of cream is referred to as a "flan".

Vanille Crème brûlée (Variante 1)

3 dl Milch
90 g Zucker
5 g. Stärkepulver
2 Eigelbe
1 Vanilleschote
1 dl Sahne

Kaffee Crème brûlée (Variante 1)

1,5 dl Milch
1,5 dl Espresso
2 g Instantkaffee
100 g Zucker
5 g. Stärkepulver
2 Eigelbe
1 dl Sahne

Zutaten

Zubereitung

Vanille Crème brûlée (Variante 1)
Milch, Zucker, Stärke, Eigelbe und das Mark der Vanilleschote verrühren und zum Kochen bringen; abkühlen lassen und glatt rühren. Anschließend die geschlagene Sahne unterheben und in eine Form füllen, glatt streichen und karamellisieren (siehe Schritt 3).

Kaffee Crème brûlée (Variante 1)
Den Instantkaffee in der Milch auflösen. Espresso, Zucker, Stärke und Eigelbe dazu rühren. Das Ganze verrühren und zum Kochen bringen, abkühlen lassen und glatt rühren. Danach die geschlagene Sahne unterheben und in eine Form füllen, glatt streichen und karamellisieren (siehe Schritt 3).

Vanilla crème brûlée (type 1)

3 dl milk
90 g sugar
5 g cornflour
2 egg yolks
1 vanilla pod
1 dl cream

Coffee crème brûlée (type 1)

1.5 dl milk
1.5 dl espresso
2 g instant coffee
100 g sugar
5 g cornflour
2 egg yolks
1 dl cream

Ingredients

Method

Vanilla crème brûlée (type 1)
Mix the milk, sugar, cornflour, egg yolks and the flesh of the vanilla pod and bring to the boil; leave to cool and mix until smooth. Then add the whipped cream and fill into a mould, smooth the top and caramelise (see step 3).

Coffee crème brûlée (type 1)
Dissolve the instant coffee in the milk. Add the espresso, sugar, cornflour and egg yolks. Stir the mixture and bring to the boil, leave to cool and stir until smooth. Then add the whipped cream and fill into a mould, smooth the top and caramelise (see step 3).

Schokoladen Crème brûlée (Variante 1)

3 dl Milch
60 g Zucker
50 g Kuvertüre
5 g Kakaopulver
5 g. Stärkepulver
2 Eigelbe
1 dl Sahne

Kokos Crème brûlée (Variante 1)

3 dl Milch
50 g Kokosraspel
70 g Zucker
2 cl Batida de Coco
5 g. Stärkepulver
2 Eigelbe
1 dl Sahne

Schokoladen Crème brûlée (Variante 1)
Milch, Zucker, flüssige Kuvertüre, Kakaopulver, Stärke und Eigelbe verrühren und zum Kochen bringen, abkühlen lassen und glatt rühren. Anschließend die geschlagene Sahne unterheben und in eine Form füllen, glatt streichen und karamellisieren (siehe Schritt 3).

Kokos Crème brûlée (Variante 1)
Die Milch mit den Kokosraspeln aufkochen und über Nacht ziehen lassen. Die Hälfte der Kokosraspel herauspassieren, danach Zucker, Alkohol, Stärke und Eigelbe verrühren und zum Kochen bringen; abkühlen lassen und glatt rühren. Anschließend die geschlagene Sahne unterheben und in eine Form füllen, glatt streichen und karamellisieren (siehe Schritt 3).

Chocolate crème brûlée (type 1)

3 dl milk
60 g sugar
50 g couverture chocolate
5 g cocoa powder
5 g cornflour
2 egg yolks
1 dl cream

Coconut crème brûlée (type 1)

3 dl milk
50 g grated coconut
70 g sugar
2 cl Batida de Coco
5 g cornflour
2 egg yolks
1 dl cream

Chocolate crème brûlée (type 1)
Mix the milk, sugar, melted couverture chocolate, cocoa powder, cornflour and egg yolks and bring to the boil; leave to cool and mix until smooth. Then add the whipped cream and fill into a mould, smooth the top and caramelise (see step 3).

Coconut crème brûlée (type 1)
Boil the milk with the grated coconut and leave to infuse overnight.
Strain out half of the grated coconut, then mix in the sugar, alcohol, cornflour and egg yolks and bring to the boil; leave to cool and stir until smooth. Then add the whipped cream and fill into a mould, smooth the top and caramelise (see step 3).

Rotwein Crème brûlée (Variante 1)

5 dl Rotwein
2 Backpflaumen
1 Vanilleschote
90 g Zucker
5 g. Stärkepulver
2 Eigelbe
1 dl Sahne

Orangen Crème brûlée (Variante 2)

140 g Zucker
8 dl Orangensaft
4 Eier
1 cl Grand Marnier

Zutaten

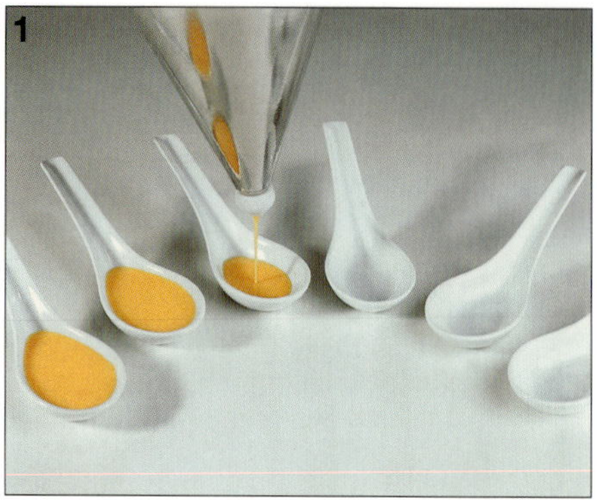

Red wine crème brûlée (type 1)

5 dl red wine
2 prunes
1 vanilla pod
90 g sugar
5 g cornflour
2 egg yolks
1 dl cream

Orange crème brûlée (type 2)

140 g sugar
8 dl orange juice
4 eggs
1 cl Grand Marnier

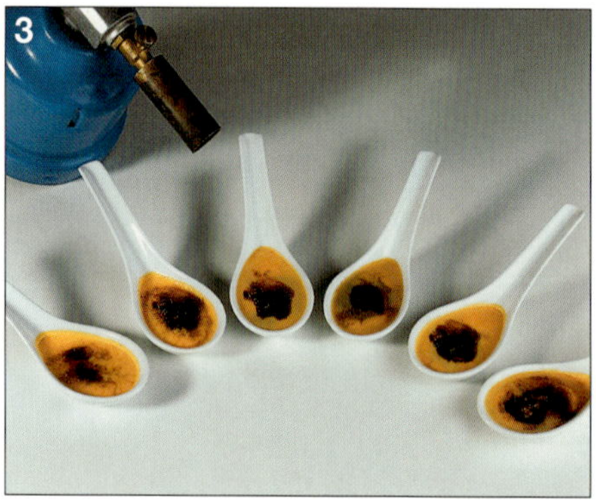

Ingredients

Zubereitung

Rotwein Crème brûlée (Variante 1)
Den Rotwein mit den Backpflaumen und der Vanille aufkochen und auf 3 dl reduzieren und über Nacht ziehen lassen.

Am nächsten Tag den Wein passieren, Zucker, Stärke und Eigelbe dazu rühren; das Ganze verrühren und zum Kochen bringen, abkühlen lassen und glatt rühren. Anschließend die geschlagene Sahne unterheben und in eine Form füllen, glatt streichen und karamellisieren (siehe Schritt 3).

Orangen Crème brûlée (Variante 2)
Den Zucker hell karamellisieren und mit Orangensaft ablöschen und auf 5 dl reduzieren. Eier und Alkohol in die kalte Masse einrühren und passieren.

Schritt 1
Mit Hilfe eines Soßenspenders die Eiermasse in die Förmchen spritzen. Bei 140° C im Ofen pochieren, bis die Masse angezogen hat.

Schritt 2
Die fertig pochierten Krems mit braunem Zucker bestreuen.

Schritt 3
Mit Hilfe eines Gasbrenners wird der Zucker auf der pochierten Krem karamellisiert.

Method

Red wine crème brûlée (type 1)
Boil the red wine with the prunes and the vanilla, reduce to 3 dl and leave to infuse overnight.
The next day strain the wine, add the sugar, cornflour and egg yolks, mix and bring to the boil, leave to cool and stir until smooth. Then fold in the whipped cream and fill into a mould, smooth the top and caramelise (see step 3).

Orange crème brûlée (type 2)
Caramelise the sugar until it has a light colour, add the orange juice and reduce to 5 dl. Mix eggs and alcohol into the cold mixture and strain.

Step 1
Dose the egg mixture into the moulds with the aid of a sauce dispenser. Poach in the oven at 140° C until the mixture has set.

Step 2
Sprinkle the poached creams with brown sugar.

Step 3
With a gas burner caramelise the sugar on the poached cream.

Zitronengras Crème brûlée (Variante 2)

2 Stangen Zitronengras
2,5 dl Milch
2,5 dl Sahne
100 g Zucker
4 Eier

Cassis Crème brûlée (Variante 2)

2,5 dl Cassismark
2,5 dl Sahne
70 g Zucker
3 Eier
2 cl Creme de Cassis

Zutaten

Zubereitung

Zitronengras Crème brûlée (Variante 2)

Das Zitronengras waschen, klein schneiden und mit der Milch einmal kurz aufkochen; abkühlen lassen und über Nacht in den Kühlschrank stellen.

Am nächsten Tag die restlichen Zutaten dazu rühren, die Masse passieren und in einer beliebigen Form bei 140° C im Ofen pochieren.

Cassis Crème brûlée (Variante 2)

Alle Zutaten zusammenrühren, die Masse passieren und in einer beliebigen Form bei 140° C im Ofen pochieren.

Lemon grass crème brûlée (type 2)

2 bunches of lemon grass
2.5 dl milk
2.5 dl cream
100 g sugar
4 eggs

Blackcurrant crème brûlée (type 2)

2.5 dl blackcurrant purée
2.5 dl cream
70 g sugar
3 eggs
2 cl Crème de Cassis

Ingredients

Method

Lemon grass crème brûlée (type 2)

Wash the lemon grass, chop finely and bring to the boil briefly with the milk, leave to cool and leave to stand overnight in the refrigerator.

The next day add the remaining ingredients, strain the mixture and poach in any mould in the oven at 140° C.

Blackcurrant crème brûlée (type 2)

Mix all ingredients, strain the mixture and poach in any mould in the oven at 140° C.

Himbeer Crème brûlée (Variante 2)

5 dl Wasser
200 g Himbeeren
2,5 dl Sahne
70 g Zucker
4 Eier
4 cl Grenadin-Sirup
1 cl Himbeergeist

Pistazien Crème brûlée (Variante 2)

4 cl Kirschgeist
1 cl Amaretto
50 g Pistazienkerne
2,5 dl Milch
2,5 dl Sahne
70 g Zucker
4 Eier

Himbeer Crème brûlée (Variante 2)

Das Wasser mit den Himbeeren aufkochen und auf 2, 5 dl reduzieren.

Anschließend die restlichen Zutaten dazu rühren, die Masse passieren und in einer beliebigen Form bei 140° C im Ofen pochieren.

Pistazien Crème brûlée (Variante 2)

Den Alkohol mit den Pistazienkernen fein mixen.

Alle weiteren Zutaten zusammenrühren, die Masse passieren und danach die Pistazienmasse dazu rühren und in einer beliebigen Form bei 140° C im Ofen pochieren.

Raspberry crème brûlée (type 2)

5 dl water
200 g raspberries
2.5 dl cream
70 g sugar
4 eggs
4 cl Grenadine syrup
1 cl white raspberry brandy (Himbeergeist)

Pistachio crème brûlée (type 2)

4 cl kirsch
1 cl Amaretto
50 g shelled pistachios
2.5 dl milk
2.5 dl cream
70 g sugar
4 eggs

Raspberry crème brûlée (type 2)

Boil the water with the raspberries and reduce to 2.5 dl.

Then add the remaining ingredients, strain the mixture and poach in any mould in the oven at 140° C.

Pistachio crème brûlée (type 2)

Mix the alcohol with the pistachios to form a fine paste.

Mix all the remaining ingredients, strain the mixture, add the pistachio mixture and poach in any mould in the oven at 140° C.

Rote Grütze in der Meringueschale

Viele Leute meinen, dass „Rote Grütze“ ein typisch norddeutsches Dessert ist, was allerdings nicht stimmt. Der Ursprung dieses Desserts ist in Dänemark zu finden.

Red fruit jelly in a meringue dish

Many people think that red fruit jelly, in German “Rote Grütze”, is a typical North German dish, which is not true. This dessert originated in Denmark.

Meringue (siehe Seite 36)

Honigeis

3 dl Sahne
4 dl Milch
7 Eigelbe
170 g Honig
1 cl Honiglikör

Rote Grütze

600 g verschiedene Beeren
2,5 dl Apfelsaft
1,5 dl Weißwein
30 g Zucker
30 g Honig
1/2 Vanilleschote
25 g Stärke
3 cl Amaretto
2 cl Rum

Zutaten

Meringue (refer to page 36)

Honey ice-cream

3 dl cream
4 dl milk
7 egg yolks
170 g honey
1 cl honey liqueur

Red fruit jelly

600 g different berries
2.5 dl apple juice
1.5 dl white wine
30 g sugar
30 g honey
1/2 vanilla pod
25 g cornflour
3 cl Amaretto
2 cl rum

Ingredients

1

2

3

4

Zubereitung

Honigeis
Alle Zutaten verrühren und über kochendem Wasser im Kessel zur Rose abziehen (auf 85° C erhitzen). Die Honigmasse passieren, abkühlen und in der Eismaschine gefrieren.

Schritt 1
Die fertige Meringuemasse mit einer Lochtülle auf eine Kugelbackmatte dressieren. Für den Sockel kann man verschieden große Kugeln spritzen. Die gespritzten Meringueteile ca. 8 Stunden bei 70 – 80° C trocknen lassen.

Schritt 2
Die einzelnen, getrockneten Schalen vorsichtig von der Backmatte lösen und mit Hilfe von Eiweißspritzglasur (Eiweiß und Puderzucker) zusammenkleben und bis zur Verwendung trocken lagern.

Schritt 3
Den Apfelsaft mit Weißwein, Zucker, Honig und Vanille aufkochen. Die Stärke mit dem Alkohol anrühren und den kochenden Sud damit leicht abbinden. Den gebundenen, heißen Saft über die gefrorenen Himbeeren, Brombeeren und schwarze und rote Johannisbeeren gießen.

Schritt 4
Die frischen Erdbeeren dazu geben, das Ganze durchrühren und im Kühlschrank mindestens 2 Stunden ziehen lassen. Erst dann in die Meringueschalen füllen und kalt servieren.

Dekor
Kuvertüresockel der Meringueschale · Erdbeerscheiben
Meringuestäbchen · Johannisbeeren in Zucker gerollt
Pferfferminzblatt
Vanilleschaum: Süße Milch mit Vanillegeschmack heiß aufschäumen wie bei einem Cappucino.

Method

Honey ice-cream
Mix all ingredients and heat over boiling water in a saucepan until the mixture reaches the nappe stage (85° C). Strain the honey mixture, leave to cool and freeze in the ice-cream maker.

Step 1
Pipe the finished meringue mixture onto a spherical baking mould with a round tube. For the base you can pipe spheres of varying size. Let the piped meringue sections dry for about eight hours at 70 - 80 ° C.

Step 2
Carefully remove the individual, dried dishes from the baking mat and stick together with the aid of egg white glaze (egg white and icing sugar). Store in a dry place until used.

Step 3
Boil the apple juice with the white wine, sugar, honey and vanilla. Mix the cornflour with the alcohol and use to slightly thicken the boiling mixture. Pour the thickened, hot juice over the frozen raspberries, blackberries and blackcurrants and redcurrants.

Step 4
Add the fresh strawberries, mix all ingredients and leave to stand in the refrigerator for at least two hours. Only then fill into the meringue dishes and serve cold.

Decoration
Couverture chocolate base of the meringue dish
Strawberry slices · Meringue bar · Blackcurrants and redcurrants rolled in sugar · Sprig of mint
Vanilla foam: Foam up sweet milk with vanilla flavouring in the same way as a cappuccino.

Aprikosenmousse mit Wattleseed-Eis und Dörraprikosenkompott

„Wattleseed" ist ein gemahlenes Gewürz mit einem herrlichen Aroma aus der Küche der Aborigines in Australien. Sein Geschmack erinnert leicht an Kakao und Kaffee.

Apricot mousse with wattle seed ice-cream and dried apricot compote

"Wattle seed" is a ground spice with a delicious aroma which is used for cooking by the Aborigines in Australia. Its taste is slightly reminiscent of cocoa and coffee.

Aprikosenmousse

600 g Aprikosenmark
100 g Puderzucker
1,5 cl Limettensaft
9 Blatt Gelatine
1 l Sahne

Watttleseed-Eis

3,5 dl Milch
3,5 dl Sahne
20 g Wattleseed
6 Eigelbe
160 g Zucker

Dörraprikosenkompott

250 g Dörraprikosen (ungeschwefelt)
3 dl Wasser
3 dl Weißwein
80 g Palmzucker
2 cl Marillenlikör
1 /2 Vanilleschote
20 g Stärke

Zutaten

Apricot mousse

600 g apricot purée
100 g icing sugar
1.5 cl lime juice
9 sheets of gelatine
1 l cream

Wattle seed ice-cream

3.5 dl milk
3.5 dl cream
20 g wattle seeds
6 egg yolks
160 g sugar

Dried apricot compote

250 g dried apricots (without sulphur)
3 dl water
3 dl white wine
80 g palm sugar
2 cl apricot liqueur
1/2 vanilla pod
20 g cornflour

Ingredients

Zubereitung

Aprikosenmousse
Für das angegebene Fruchtmark benötigt man ca. 1 kg frische, reife Aprikosen, die entsteint, gewaschen und in kleine Stücke geschnitten werden. Bei leichter Hitze werden die Aprikosenstücke vollkommen weich gedünstet. Das Ganze durch ein Sieb streichen. Das Aprikosenmark genau abwiegen und Puderzucker mit Limettensaft beigeben. Die eingeweichte Gelatine beigeben und auflösen. Die geschlagene Sahne ins kalte Aprikosenmark unterheben.

Watttleseed-Eis
Milch, Sahne und das gemahlene Wattleseed aufkochen und heiß in die Eigelbe mit Zucker einrühren. Die gesamte Masse zur Rose abziehen (auf 85° C erhitzen) und passieren. Die Hälfte des passierten Wattleseedgranulats wieder zur Eismasse zurück geben und die Eismasse in der Eismaschine gefrieren.

Dörraprikosenkompott
Dörraprikosen und Wasser aufkochen, Wein dazu gießen und über Nacht bei Raumtemperatur ziehen lasen. Am nächsten Tag nur die Aprikosenmarinade mit Palmzucker, Marillenlikör und Vanille aufkochen, mit der in Wasser angerührten Stärke leicht abbinden, den Fond passieren und heiß über die Aprikosen gießen.

Method

Apricot mousse
To make the apricot purée take 1 kg fresh, ripe apricots which have been washed and stoned and cut into small pieces. Stew the apricot pieces over a low heat until they are completely soft. Rub through a sieve. Weigh the apricot purée exactly and add the icing sugar with lime juice. Mix in the softened gelatine and dissolve. Fold the whipped cream into the cold apricot purée.

Wattle seed ice-cream
Boil the milk, cream and the ground wattle seeds and while still hot pour into the egg yolks with sugar. Heat until the mixture reaches the nappe stage (85° C) and strain. Add half of the strained ground wattle seed to the ice-cream mixture and freeze in the ice-cream maker.

Dried apricot compote
Boil the dried apricots and water, add the wine and leave to marinate at room temperature overnight. The next day boil the apricot marinade with the palm sugar, apricot liqueur and the vanilla, thicken slightly with the cornflour dissolved in water, strain the mixture and pour over the apricots while still hot.

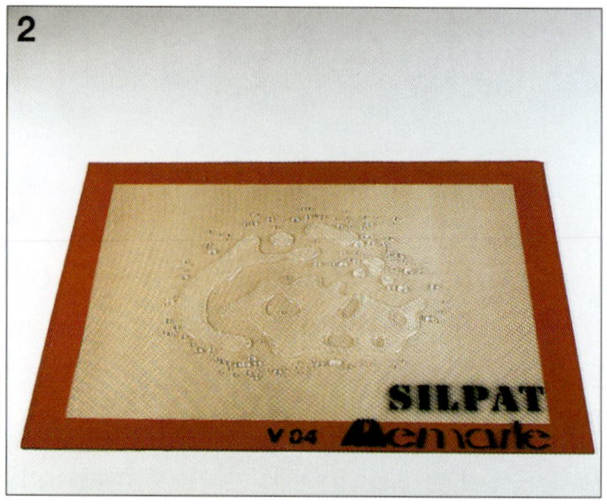

Schritt 1
Den groben Isomalt-Zucker auf eine Silpatmatte streuen und bei ca. 180° C in den Backofen schieben.

Schritt 2
Der Isomalt hat sich durch die Hitze aufgelöst.

Schritt 3
Auf den flüssigen Isomalt eine weitere Silpatmatte legen und mit einem Rollholz leicht darüber rollen. Den Isomalt abkühlen lassen und danach die beiden Silpatmatten herunter ziehen.

Schritt 4
Die kalte Zuckerplatte wird mit Hilfe einer Wärmelampe wieder erwärmt und dabei um ein Aluminiumrohr (Ø 3 cm) gedreht. Das entstandene Zuckerrohr an einer Seite mit einem heißen Palettenmesser gerade schmelzen, damit es auf dem Teller einen ordentlichen Stand hat. Am Teller mit weißer Schokolade festkleben.

Step 1
Sprinkle the coarse Isomalt sugar onto a Silpat mat and place in the oven at approximately 180° C.

Step 2
The heat has melted the Isomalt.

Step 3
Place another Silpat mat onto the liquid Isomalt and roll over the mat lightly with a rolling pin. Leave the Isomalt to cool and then pull off both Silpat mats.

Step 4
Reheat the cold sugar sheet with a heating lamp and roll it around an aluminium tube (Ø 3 cm). Melt one end of the sugar tube with a hot pallet knife so that it is straight and can stand firmly on a plate. Attach the tube to the plate with white chocolate.

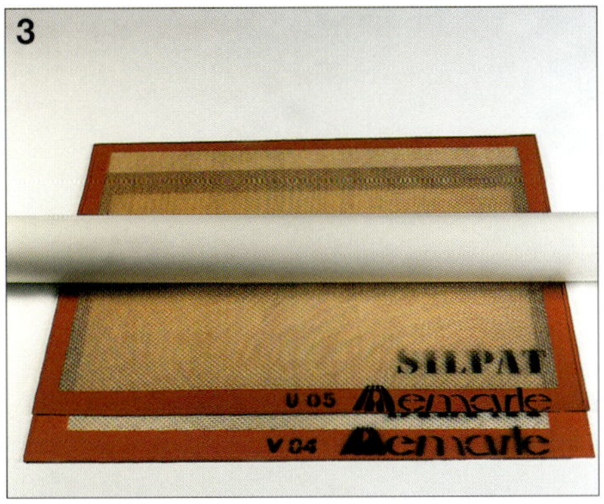

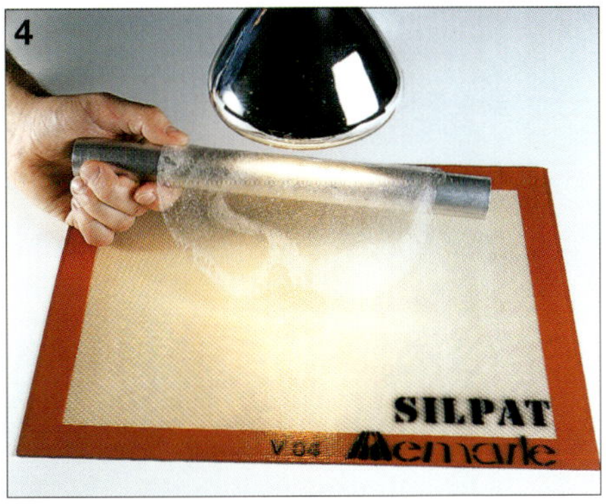

Dekor

Schokoladenstäbchen

Kleine Dörraprikosenwürfel

Schokoladenschale für das Eis

Die temperierte Kuvertüre auf einer Marmorplatte 1 mm dick aufstreichen, leicht anziehen lassen und anschließend mit einem runden Ausstecher (Ø 12 cm) runde, kelchartige Blätter herunter schaben.

Decoration

Chocolate rods

Small cubes of dried apricot

Chocolate dish for the ice-cream

Spread the tempered chocolate to a thickness of 1 mm onto a marble sheet, leave to set slightly and then scrape off round cup-shaped pieces with a round cutter (Ø 12 cm).

Ananas Surprise

Diese Kreation kann man sowohl als kleines, individuelles Dessert servieren als auch in einer größeren Form für mehrere Personen als ganz besondere Überraschung.

Pineapple surprise

This dessert is suitable for serving in individual portions as well as in a larger mould for several people as a very special surprise.

Ananassorbet

5 dl Ananassaft
2 dl Weißwein
140 g Zucker
2 cl Malibu

Meringuemasse

3 Eiweiße
120 g Kristallzucker
100 g Puderzucker
20 g Milchpulver

Zutaten

Pineapple sorbet

5 dl pineapple juice
2 dl white wine
140 g sugar
2 cl Malibu

Meringue mixture

3 egg whites
120 g refined sugar
100 g icing sugar
20 g powdered milk

Ingredients

1

2

3

4

Zubereitung

Ananassorbet
Eine reife Ananas schälen, die Mittelachse herausschneiden und in kleine Stücke schneiden. Die kleinen Fruchtstücke pürieren und den Saft passieren. Weißwein, Zucker und Alkohol dazu rühren und das Ganze in einer Eismaschine gefrieren.

Meringuemasse
Das Eiweiß und den Kristallzucker zu einem festen Schnee schlagen. Puderzucker und Milchpulver vermengen und unter das geschlagene Eiweiß ziehen.

Schritt 1
Mit Hilfe eines Eisportionierers das fertig gefrorene Sorbet in Kugeln portionieren.

Schritt 2
Jeweils vier Kugeln Sorbet zu einer Sorbetstange glatt streichen und in geriebenen Mandeln oder Biskuitbrösel rollen, damit die Meringuemasse besser hält. Zuletzt das Sorbet sehr hart gefrieren

Schritt 3
Die Meringuemasse wird mit einer runden Lochtülle auf das gut gefrorene Sorbet aufgespritzt und danach wird das Ganze mit einem Gasbrenner flambiert. In dieser Form lässt sich das Sorbet mit dem Meringuemantel gut für einige Stunden aufbewahren.

Schritt 4
Mit gekochtem Zucker oder Isomalt grüne Blätter ziehen und auf die Sorbet-Ananas aufsetzen.

Dekor
Ananaskompott (siehe Seite 48)

Method

Pinapple sorbet
Peel a ripe pineapple, remove the core and cut the flesh into small pieces. Purée the small fruit pieces and strain the juice. Add the white wine, sugar and alcohol and freeze the mixture in an ice-cream maker.

Meringue mixture
Whip the egg white and the refined sugar until stiff. Mix the icing sugar and the powdered milk and fold into the whipped egg whites.

Step 1
With the aid of an ice-cream scoop make balls of the frozen sorbet.

Step 2
Smooth four balls of the sorbet to form a sorbet bar and roll in ground almonds or sponge breadcrumbs so that the meringue stays in place. Then freeze the sorbet until very hard.

Step 3
Pipe the meringue mixture with a round tube onto the well-frozen sorbet and then flambé with a gas burner. In this form the sorbet with the meringue coating can be kept for several hours.

Step 4
With boiled sugar or Isomalt pull green leaves and place onto the sorbet pineapple.

Decoration
Pineapple compote (refer to page 48)

Blaubeermousse mit Reiseis und Currysoße

East meets West. Zwei Kontinente treffen bei dieser Kombination aufeinander. Auf den ersten Blick mag dieses Dessert nicht besonders anziehend wirken, aber aufgrund seines hervorragenden Geschmacks wird es für die meisten Leute ein Favorit werden.

Blueberry mousse with rice ice-cream and curry sauce

East meets West. Two continents make their acquaintance in this combination. At the first glance this dessert does not sound particularly enticing, but for most people it becomes a favourite once they have tried it.

Blaubeermousse

400 g Blaubeeren
40 g Zucker
80 g Butter
40 g Puderzucker
10 g Zitronensaft
1 cl österreichischer Rum
4 Blatt Gelatine
5 dl Sahne

Reiseis

100 Reis (Risotto)
3 dl Milch
1 dl Sake (Reiswein)
2 g Ingwerschale
30 Zucker
4 Eier
150 g Zucker
1 Vanilleschote
2,5 dl Milch
2,5 dl Sahne

Süße Currysoße

3 Eigelbe
50 g Zucker
2 g Currypulver gelb
6 cl Sahne
6 cl Milch

Zutaten

Blueberry mousse

400 g blueberries
40 g sugar
80 g butter
40 g icing sugar
10 g lemon juice
1 cl Austrian rum
4 sheets of gelatine
5 dl cream

Rice ice-cream

100 g rice (risotto)
3 dl milk
1 dl sake (rice wine)
2 g ginger peel
30 g sugar
4 eggs
150 g sugar
1 vanilla pod
2.5 dl milk
2.5 dl cream

Sweet curry sauce

3 egg yolks
50 g sugar
2 g yellow curry powder
6 cl cream
6 cl milk

Ingredients

Zubereitung

Blaubeermousse
Die gewaschenen Blaubeeren langsam mit Zucker weich kochen und mixen. Nicht passieren. Die flüssige Butter mit Puderzucker, Zitronensaft, Rum und der eingeweichten Gelatine warm auflösen und unter die Blaubeeren rühren. Die Fruchtmasse abkühlen lassen und die geschlagene Sahne unterheben. Abgedeckt im Kühlschrank anziehen lassen.

Reiseis
Den Reis mit Milch, Sake, Ingwerschale und Zucker weichkochen bis die gesamte Flüssigkeit verkocht ist. Die restlichen Zutaten einrühren und die gesamte Masse zur Rose abziehen (auf 85° C erhitzen). Gewürze herausnehmen, abkühlen und in der Eismaschine gefrieren.

Süße Currysoße
Eigelbe, Zucker und Currypulver verrühren. Sahne und Milch aufkochen und in die Eigelbmasse einrühren und zur Rose abziehen (85° C erhitzen).
Abkühlen und passieren.

➢ ➢ ➢ ➢ ➢ ➢ ➢ ➢

Method

Blueberry mousse
Wash the blueberries and slowly boil with the sugar until soft. Do not strain. Dissolve the soaked gelatine in the melted butter with the icing sugar, lemon juice and rum and mix with the blueberries. Leave the fruit mixture to cool then fold in the whipped cream. Cover and leave to set in the refrigerator.

Rice ice-cream
Cook the rice with the milk, sake, ginger peel and the sugar until soft and all the liquid has been absorbed. Stir in the remaining ingredients and heat until the mixture reaches the nappe stage (85 °C). Remove the spices, leave to cool and freeze in the ice-cream maker.

Sweet curry sauce
Mix the egg yolks, sugar and curry powder. Boil the cream and milk, mix into the egg yolk mixture and heat until it reaches the nappe stage (85 °C).
Cool and strain.

➢ ➢ ➢ ➢ ➢ ➢ ➢ ➢

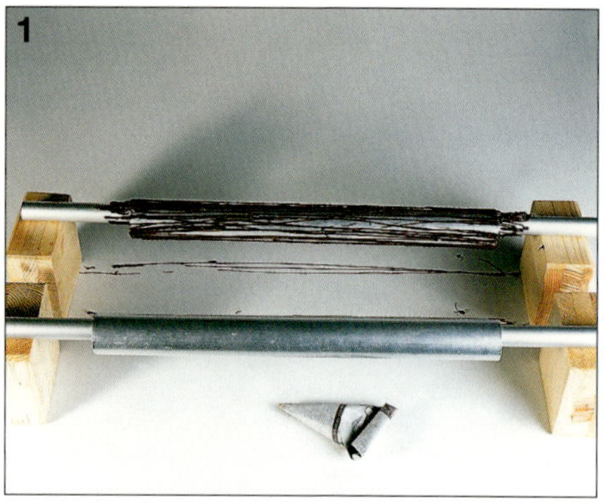

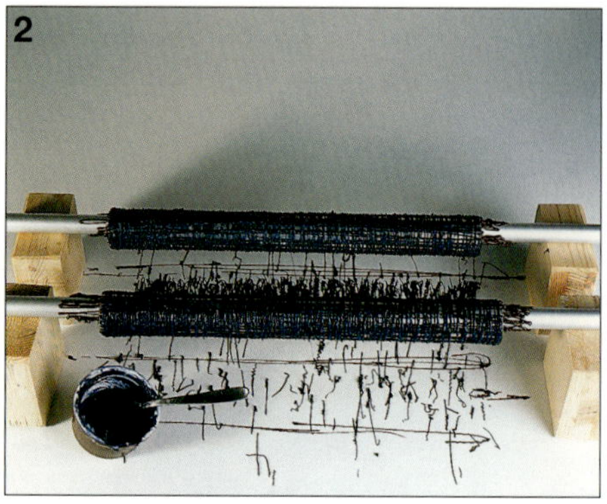

Schritt 1

Ein Aluminiumrohr (Ø 3 cm) mit Fett einstreichen und mit Plastikfolie umkleiden. Die temperierte dunkle Kuvertüre der Länge nach auf das Plastik des Rohrs aufspritzen und die Schokolade anziehen lassen.

Schritt 2

Die weiße Schokolade mit blauer, fettlöslicher Farbe (Pigmentfarbe) färben und temperieren. Diese Dekorschokolade wird nun quer und dicht über das Rohr gespritzt. Die Schokolade anziehen lassen und anschließend kurz in den Tiefkühler geben.

Schritt 3

Das gespritzte Schokoladenteil mit der Plastikfolie vom Aluminiumrohr abziehen und die Plastikfolie entfernen. Das gespritzte Schokoladenrohr mit einer warmen Palette schräg durchschmelzen.

Step 1

Grease an aluminium tube (Ø 3 cm) and cover with plastic film. Pipe tempered dark chocolate couverture lengthways onto the film on the tube and leave the chocolate to set.

Step 2

Colour white chocolate with blue, oil-soluble colouring (pigment colouring) and temper. Then pipe this decorative chocolate densely crosswise across the tube. Leave the chocolate to set and then place for a short time in the freezer.

Step 3

Remove the piped chocolate piece with the film from the tube and pull off the film. Melt through the piped chocolate tube at an angle with a warm pallet knife.

Dekor

Zuckerkörbchen für das Eis. Flüssiger und heißer Zucker wird auf die Rückseite einer Silikon-Halbkugelmatte gespritzt.

Schokoladenstäbchen
Blaubeeren
Pfefferminzblatt

Decoration

Sugar basket for the ice-cream
Pipe hot, liquid sugar onto the back of a hemispherical silicone mat.

Chocolate rods
Blueberries
Sprig of mint

Bayrisches Tiramisu und frische Himbeeren

Bayern ist meine Heimat und auch die vom Bier, daher sollte man hier Tiramisu nur mit Bier herstellen. Übrigens, eine sensationelle Kreation, die auch Weintrinkern schmeckt.

Bavarian tiramisu and fresh raspberries

Bavaria is my home and also that of beer – therefore tiramisu should only be made here with beer! This is also a sensational creation which will also spark the enthusiasm of wine enthusiasts.

Löffelbiskuit

50 g Eigelb
15 g Puderzucker
10 g Mehl
180 g Eiweiß
70 g Zucker
1 Prise Salz
55 g Weizenpuder
50 g Mehl

Tiramisu

4 Eigelbe
100 g Zucker
500 g Mascarpone

Tiramisu-Tränke

3 – 4 dl Weißbier
2 g Zimtpulver

Zutaten

Sponge fingers

50 g egg yolks
15 g icing sugar
10 g flour
180 g egg white
70 g sugar
1 pinch of salt
55 g wheat starch
50 g flour

Tiramisu

4 egg yolks
100 g sugar
500 g mascarpone

Tiramisu marinade

3 – 4 dl weissbier
2 g cinnamon powder

Ingredients

Zubereitung

Löffelbiskuit
Eigelb, Puderzucker und Mehl leicht verrühren (nicht schlagen). Eiweiß, Zucker und Salz zu Schnee schlagen und unter die Eigelbmasse ziehen.
Mehl und Weizenpuder leicht unter die Eiermasse heben.
Auf Silpatmatten aufdressieren und mit Puderzucker leicht bestäuben und bei 180° C backen.

Tiramisu
Die pasteurisierten Eigelbe mit Zucker schaumig aufschlagen, anschließend den schaumig gerührten Mascarpone unterheben.

Tiramisu-Tränke
Weißbier und Zimtpulver verrühren.

Method

Sponge fingers
Lightly mix the egg yolk, icing sugar and flour (do not whip). Whip the egg whites, sugar and salt until stiff and fold into the egg yolk mixture.
Gently fold the flour and wheat starch into the egg mixture.
Pipe onto Silpat mats, lightly dust with icing sugar and bake at 180° C.

Tiramisu
Whip the pasteurised egg yolks with sugar until frothy, whip the mascarpone until foamy and fold into the egg mixture.

Tiramisu marinade
Mix the beer and cinnamon powder.

Schritt 1
Das Löffelbiskuit rund ausstechen und in die passende Dessertform (Ø 6,5 cm) einsetzen.

Schritt 2
Das Löffelbiskuit mit der Biertränke gut tränken.

Schritt 3
Auf das getränkte Löffelbiskuit die Mascarponekrem (0,8 cm hoch) dressieren.

Schritt 4
Die Arbeitsschritte von 1 – 3 wiederholen, damit jeweils 2 Schichten entstehen. Das Ganze muß 6 – 8 Stunden im Kühlschrank durchziehen.

Step 1
Cut the sponge biscuit into rounds and place into a suitable dessert mould (Ø 6.5 cm).

Step 2
Soak the sponge thoroughly with the beer marinade.

Step 3
Pipe the mascarpone cream (to a thickness of 0.8 cm) onto the soaked sponge.

Step 4
Repeat steps 1 – 3 to make two layers. Leave to soak for 6 – 8 hours in the refrigerator.

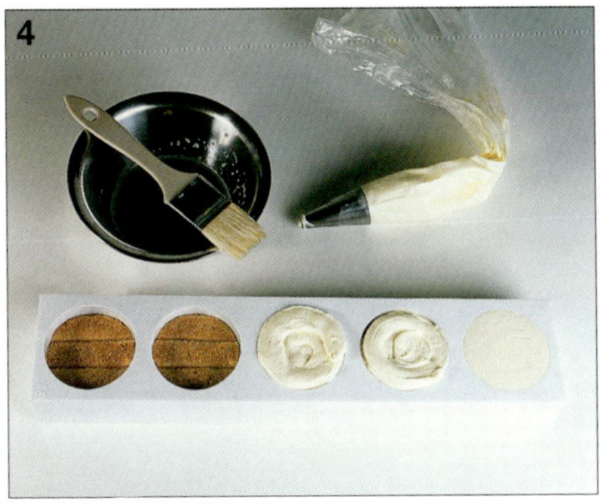

Schritt 5

Das Tiramisu mit Hilfe eines Durchdrückers aus der Form drücken und die Oberfläche mit Kakaopulver bestäuben.

Dekor

Getrocknete Merinquestäbchen (siehe Seite 36)
Himbeersoße (siehe Seite 56)
Frische Himbeeren
Schokoladenblatt (mit rundem Ausstecher geschabt)

Step 5

Press the tiramisu out of the mould with a pressing implement and dust the surface with cocoa powder.

Decoration

Dried meringue bars (refer to page 36)
Raspberry sauce (refer to page 56)
Fresh raspberries
Roll of chocolate (scraped off with round cutter)

Calvadossorbet im geblasenen Zuckerapfel

Dies ist eine sehr einfache Dessertvariante, die auch in größerer Stückzahl leicht zu produzieren ist. Es ist jedoch eine Grundvoraussetzung, dass man die hohe Kunst des Zuckerziehens und Zuckerblasens beherrscht.

Calvados sorbet in a blown sugar apple

This is a very simple dessert variation which is also easy to make in large quantities. It is, however, a basic prerequisite that you have mastered the fine art of sugar pulling and blowing.

Calvadossorbet

2 dl Apfelsaft ohne Zucker
1 dl Weißwein
50 g Glucose
40 g Zucker
4 cl Calvados

Zuckerrezept aus Isomalt

1 kg Isomalt
3 cl Wasser
30 Tropfen Weinsteinsäure 1:1

Zutaten

Zubereitung

Calvadossorbet
Den Apfelsaft mit dem Weißwein verrühren, Glukose, Zucker und Calvados unterrühren und in der Eismaschine gefrieren.

Zuckerrezept aus Isomalt
Den Isomaltzucker nach und nach in einer Pfanne direkt und ohne Wasser schmelzen. Wenn sich der Isomalt vollständig aufgelöst hat (Achtung: der Zucker erreicht über 150° C), Wasser und Weinsteinsäure dazu gießen und nochmals auf genau 150° C kochen. Auf eine leicht geölte Marmorplatte gießen und in kleinere Stücke schneiden.

1

2

Calvados sorbet

2 dl apple juice without sugar
1 dl white wine
50 g glucose
40 g sugar
4 cl Calvados

Sugar recipe with Isomalt

1 kg Isomalt
3 cl water
30 drops tartaric acid 1:1

Ingredients

Method

Calvados sorbet
Mix the apple juice with the white wine, glucose, sugar and Calvados and freeze in the ice-cream maker.

Sugar recipe with Isomalt
Gradually melt the Isomalt sugar directly in a pan without water. When the Isomalt has melted completely (caution – the sugar reaches a temperature of over 150° C), add the water and the tartaric acid and reheat to exactly 150° C. Pour onto a lightly oiled marble sheet and cut into small pieces.

Schritt 1
Den Isomaltzucker unter einer Wärmelampe abermals erwärmen und aus einem ca. 50–60 g schweren Isomaltstück einen Zuckerkelch modellieren, der warm auf das Mundstück des Blasebalgs aufgesetzt wird.

Schritt 2
Mit Hilfe des Blasebalgs wird das Zuckerstück oval und rund aufgeblasen.

Schritt 3
Das aufgeblasene Zuckerstück wird zu einem Apfel geformt und mit Hilfe eines Ventilators oder Kaltföhns wieder abgekühlt, damit der Apfel seine Form beibehält.

Schritt 4
Mit einer heißen Palette wird der Zuckerapfel vertikal durchgeschmolzen.
Den Apfel mit Farbe noch leicht schminken und ein Zuckerblatt als Dekor mit ansetzen.

Dekor
Getrocknete Apfelscheibe:
Einen kompakten Apfel auf der Aufschnittmaschine 1 mm dick aufschneiden und die einzelnen Apfelscheiben durch einen heißen Zuckersud (104° C) ziehen und auf eine Silpatmatte legen. Im Ofen bei 80° C ca. 4 – 5 Stunden trocknen. Nach ca. 2 Stunden die Apfelscheiben vorsichtig umdrehen.

Soße
Eine eingedickte süße Amarenakirschsoße mit etwas Balsamiko-Essig.
Schokoladestäbchen

Step 1
Reheat the Isomalt sugar under a heating lamp and with a piece of Isomalt weighing approximately 50–60 g make a sugar cup and place onto the mouthpiece of the air pump while still warm.

Step 2
With the pump, blow the piece of sugar into a round, then an oval shape.

Step 3
Shape the blown sugar piece to an apple and with a fan or cold blow-dryer cool it so that it retains its shape.

Step 4
Use a hot pallet knife to vertically melt through the sugar apple.
Lightly decorate the apple with colouring and attach a sugar leaf as decoration.

Decoration
Dried apple slice:
Cut a compact apple on the slicing machine to a thickness of 1 mm, dip the individual apple slices into a hot sugar syrup (104° C) and place on a Silpat mat. Dry in the oven at 80° C for approximately 4 – 5 hours. After two hours carefully turn the apple slices over.

Sauce
A thickened, sweet Amarena cherry sauce with a little balsamico vinegar.
Chocolate rods

Schwarze Johannisbeerkrem mit gedünsteten Quitten

Die Quitte ist ein Rosengewächs, das zurzeit in Europa eine neue Renaissance erlebt. Gedünstet ist sie ein ganz besonderer Leckerbissen.

Blackcurrant cream with stewed quinces

The quince is a member of the rose family which is currently enjoying a renaissance in Europe. It is particularly delicious when stewed.

Schwarze Johannisbeerkrem

150 g Johannisbeermark
4 Eigelbe
60 g Zucker
3 Blatt Gelatine
1 cl österreichischer Rum
2 dl Sahne

Cassisgelee

4 cl Weißwein
1 Blatt Gelatine
4 cl Cassislikör

Zutaten

Blackcurrant cream

150 g blackcurrant purée
4 egg yolks
60 g sugar
3 sheets of gelatine
1 cl Austrian rum
2 dl cream

Blackcurrant jelly

4 cl white wine
1 sheet of gelatine
4 cl blackcurrant liqueur

Ingredients

Zubereitung

Schwarze Johannisbeerkrem
Das Johannisbeermark mit den Eigelben und Zucker zur Rose abziehen (auf 85° C erhitzen) und passieren. Die eingeweichte Gelatine in Rum auflösen und der Masse beigeben. Abkühlen lassen, anschließend die geschlagene Sahne unterziehen, in eine 5 – 6 cm hohe Kokotte füllen und glatt streichen.

Cassisgelee
Den Weißwein erwärmen, die eingeweichte Gelatine beigeben und darin auflösen. Cassislikör dazu gießen und abkühlen.

Schritt 1
Das kalte, jedoch noch flüssige Gelee über die bereits angezogene Johannisbeerkrem 2 mm dick gießen; anziehen lassen.

Schritt 2
Mit einem warmen Löffel die einzelnen Portionen im Drehen herausstechen.

Schritt 3
Die Quitte schälen, entkernen und in Spalten schneiden. Die einzelnen Quittenspalten in Puderzucker wälzen und auf eine Aluminiumfolie legen. Mit Cointreau übergießen, die Spalten in der Folie gut einschlagen und verschließen. Das Ganze im Backofen bei ca. 160° C 15 Minuten dünsten. Der entstandene Quittensaft mit den Spalten lauwarm anrichten.

Dekor
Hippendekor
Eine falsche Hippenmasse mit Hilfe einer Spritztüte aufspritzen, verlaufen lassen und backen (Rezept siehe S. 30).

Schokoladestäbchen
Pistazienkerne

Method

Blackcurrant cream
Heat the blackcurrant purée with the egg yolks and sugar until it reaches the nappe stage (85° C) and rub through a sieve. Dissolve the soaked gelatine in the rum and add to the mixture. Leave to cool, then fold in the whipped cream, fill into a cocotte with a depth of 5 – 6 cm and smooth the surface.

Blackcurrant jelly
Heat the white wine, add and dissolve the soaked gelatine. Pour in the blackcurrant liqueur and leave to cool.

Step 1
Pour the cold but still liquid jelly over the firm blackcurrant cream to a thickness of 2 mm; leave to set.

Step 2
Scoop out the individual portions with a spoon.

Step 3
Peel the quinces, remove the core and cut into slices. Coat the individual quince slices in icing sugar and place on a sheet of aluminium foil. Pour Cointreau over the slices, wrap well in the foil and close tightly. Stew in the oven for 15 minutes at approximately 160° C. Serve the slices with the juice which is formed during baking while still lukewarm.

Decoration
Hippen paste decoration
Apply a false hippen paste with a piping bag, let it spread out and bake (recipe on page 30).

Chocolate rods
Shelled pistachios

Rhabarberparfait mit Erdbeeren und Vanillesoße

Der Rhabarber – früher als Gemüse armer Leute bezeichnet – hat sich zu einem absoluten Trendgemüse für die Küche und Patisserie entwickelt.

Rhubarb parfait with strawberries and vanilla sauce

Rhubarb, which used to be regarded as a vegetable for the poor, has become a trend vegetable for cuisine and patisserie.

Rhabarberparfait

5 Eigelbe
60 g Zucker
30 g Glucose
1 dl Rhabarbersaft
1 cl Himbeersaft
1 / 2 Vanilleschote
170 g gedünsteter Rhabarber
5 Eiweiß
110 g Zucker
6 cl Wasser

Zutaten

Zubereitung

Schritt 1
Die Eigelbe mit Zucker, Glucose, Rhabarbersaft, Himbeersaft und dem Mark der Vanilleschote zu einer Krem kochen.

Schritt 2
Den weich gedünsteten Rhabarber ohne Flüssigkeit unter die gekochte Krem ziehen.

Rhubarb parfait

5 egg yolks
60 g sugar
30 g glucose
1 dl rhubarb juice
1 cl raspberry juice
1/2 vanilla pod
170 g stewed rhubarb
5 egg whites
110 g sugar
6 cl water

Ingredients

Method

Step 1
Make a cream by cooking the egg yolks with the sugar, glucose, rhubarb juice, raspberry juice and the flesh of the vanilla pod.

Step 2
Mix the stewed, soft rhubarb without any liquid over the cooked cream.

Schritt 3
Den restlichen Zucker mit Wasser auf 130° C kochen. Das Eiweiß aufschlagen und unter ständigem Schlagen langsam den heißen Zuckersud (italienischer Meringue) in die laufende Eiweißmasse einlaufen lassen. Das noch warme Eiweiß unter die Rhabarberkrem ziehen.

Schritt 4
Die fertige Rhabarberkrem in Metall- oder Aluminiumringe (4 cm hoch, Ø 6 cm) füllen und tiefgefrieren.

Schritt 5
Die tiefgefrorene Rhabarberkrem mit braunem Zucker bestreuen und mit einem Brenner karamellisieren.

Dekor
Vanillesoße (siehe Vanillesoße Seite 50)
Hippenornament (siehe Hippendekor Seite 30)
Erdbeerscheiben
Schokoladenstäbchen (siehe Schokoladendekor Seite 20)

Step 3
Heat the remaining sugar with water to 130°C. Whip the egg whites and slowly add the hot sugar syrup (Italian meringue) into the egg white mixture during whipping. Fold the egg white while still warm into the rhubarb cream.

Step 4
Fill the finished rhubarb cream into metal or aluminium rings (4 cm deep, Ø 6 cm) and freeze.

Step 5
Sprinkle the deep frozen rhubarb cream with brown sugar and caramelise with a burner.

Decoration
Vanilla sauce (refer to vanilla sauce page 51)
Hippen ornament (refer to hippen paste decoration page 31)
Strawberry slices
Chocolate rods (refer to chocolate decoration page 21)

Spargelkrem mit Erdbeereis

Im Frühjahr bieten viele Restaurants ein Spargelmenü an, doch die meisten Menüs enthalten kein „Spargeldessert" – eigentlich schade. Hier finden Sie einen passenden Vorschlag für die Zukunft.

Asparagus cream with strawberry ice-cream

In the spring many restaurants feature asparagus on their menus, but not many include an asparagus dessert. What a shame!
Here is a suitable suggestion for the future.

Spargelkrem

1,6 dl Spargelsaft
70 g Butter
70 g Zucker
10 g Stärke
4 Blatt Gelatine
10 cl Whisky
2 dl Sahne (mindestens 32% Fett)

120 g Erdbeeren

Erbeereis

500 g Erdbeeren
60 g Puderzucker
2 cl Cointreau

Zutaten

Asparagus cream

1.6 dl asparagus juice
70 g butter
70 g sugar
10 g cornflour
4 sheets of gelatine
10 cl whisky
2 dl cream (at least 32 per cent fat)

120 g strawberries

Strawberry ice-cream

500 g strawberries
60 g icing sugar
2 cl Cointreau

Ingredients

Zubereitung

Erdbeereis
Die Erdbeeren waschen, in Stücke schneiden und mit Zucker und Cointreau pürieren. Das Ganze passieren und in der Eismaschine gefrieren.

Dekor
Zuckerdekor: Einen weichgekochten Spargel in flüssigen, heißen Karamellzucker tauchen (Vorsicht vor Verbrennungen!) und ablaufen lassen. Den Spargel aus der bereits harten Zuckerkruste wieder halb herausziehen und abschneiden.
Schokoladenstäbchen
Erbeerspalten
Spargelspitzenstücke

Method

Strawberry ice-cream
Wash the strawberries, cut into pieces and purée with the sugar and Cointreau. Strain the mixture and freeze in the ice-cream maker.

Decoration
Sugar decoration: Dip a piece of cooked asparagus into hot, liquid caramel sugar (do not burn yourself!) and let the excess drip off. When the sugar crust has hardened, pull the asparagus halfway out once more and cut off.
Chocolate rods
Strawberry wedges
Asparagus tips

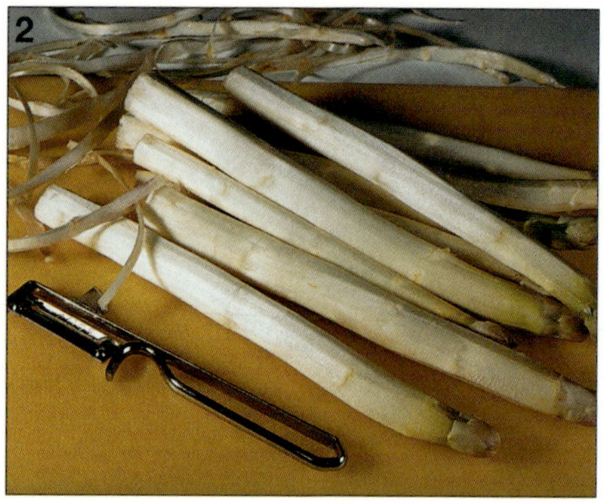

Spargelkrem
Schritt 1
Den frischen, weißen Spargel schälen und klein schneiden.

Schritt 2
Den Spargel im Wasser mit etwas Zucker und Zitronensaft weich kochen. Die weichen Spargelstücke aus dem Sud nehmen, pürieren und passieren. Den abgewogenen Spargelsaft mit Zucker, Butter und Stärke zum Kochen bringen und leicht abbinden. Die eingeweichte Gelatine beigeben und darin auflösen.

Asparagus cream
Step 1
Peel the fresh, white asparagus and cut into small pieces.

Step 2
Boil the asparagus in water with a little sugar and lemon juice until soft. Remove the soft asparagus pieces from the liquid, purée and strain. Bring the measured asparagus juice with the sugar, butter and cornflour to the boil and bind slightly. Mix in the soaked gelatine and dissolve in the mixture.

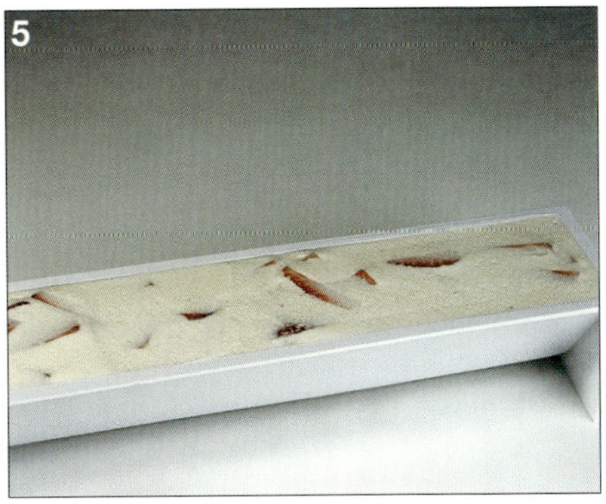

Schritt 3
Die kalte Spargelmasse vorsichtig unter die geschlagene Sahne ziehen.

Schritt 4
Unter die Spargelkrem den Alkohol und die klein geschnittenen Erdbeerstücke ziehen.

Schritt 5
Die gesamte Masse in eine längliche Plastikform füllen, mit Folie abdecken und in den Kühlschrank stellen.

Step 3
Carefully fold the cold asparagus mixture into the whipped cream.

Step 4
Gently mix the alcohol and the strawberries, cut into small pieces, into the asparagus cream.

Step 5
Place the mixture into an oblong plastic mould, cover with film and place in the refrigerator.

Pochierter Pfirsich auf Himbeersoße

Man könnte sagen, dass es sich hier um eine moderne Ableitung des Coupes „Peche Nelly Melba“ handelt – eine Kreation, die bereits vor Jahren von den Brüdern Haberlin und Eckart Witzigmann serviert wurde.

Poached peach on sauce mirror

This dessert could be regarded as a modern variation of the “Pêche Nelly Melba” coupe, a creation which was served a number of years ago by the brothers Haberlin and Eckart Witzigmann.

Zubereitung

Schritt 1
Den Stein des reifen Pfirsichs mit Hilfe einer Flachzange herausziehen.

Schritt 2
Den Pfirsich blanchieren (zuerst 30 Sekunden in kochendes Wasser legen, dann herausnehmen und in Eiswasser legen), damit sich die Haut leicht abziehen läßt.

Schritt 3
Den Pfirsich mit einer beliebigen Krem oder Mousse füllen; auch ein Eis würde sich hier gut eignen.

Method

Step 1
Remove the stone from the ripe peach with flat nose tongs.

Step 2
Blanch the peach (first place into boiling water for 30 seconds, then remove and place in iced water) so that the skin can be easily pulled off.

Step 3
Fill the peach with any type of cream or mousse; ice-cream would, however, also be suitable.

Schritt 4

Auf einem Teller zuerst Himbeersoße aufstreichen, danach weitere Soßen wie z. B. Mango-, Jogurt- oder Schokoladensoße in die Himbeersoße einspritzen.
Anschließend die verschiedenen Soßen mit einem Holzstäbchen durchziehen. Von innen nach außen und von rechts nach links.

Dekor

Gespritzte Schokoladenstäbchen
Ein mit Puderzucker bestäubtes Pfefferminzblatt

Step 4

First spread raspberry sauce onto a plate, then pipe other sauces such as mango, yoghurt or chocolate sauce into the raspberry sauce. Finally pull a wooden stick through the different sauces, moving from the inside outwards and from the right to the left.

Decoration

Piped chocolate rods
A mint leaf dusted with icing sugar

Aprikosensülze mit Mandelspoom

Ab und zu bleiben im Kühlschrank einige Aprikosen oder andere Steinobstfrüchte übrig – anhand des folgenden Vorschlags können Sie diese auf interessante Weise weiter verarbeiten.

Apricot in aspic with almond spoom

Sometimes a few apricots or other stone fruit are left over – with the following suggestion these can be used in an interesting manner.

Mandelspoom

175 ml Milch
175 ml Sahne
50 g geriebene Mandeln
60 g Zucker
3 Eigelbe
4 Tropfen Bittermandelöl
1 pasteurisiertes Eiweiß
20 g Zucker

Aprikosensülze

450 g reife Aprikosen
40 g Zucker
1 cl Amaretto
1 cl Rum
4 Blatt Gelatine
15 g Pistazienkerne

Zutaten

Almond spoom

175 ml milk
175 ml cream
50 g ground almonds
60 g sugar
3 egg yolks
4 drops of bitter almond oil
1 pasteurised egg white
20 g sugar

Apricot in aspic

450 g ripe apricots
40 g sugar
1 cl Amaretto
1 cl rum
4 sheets of gelatine
15 g shelled pistachios

Ingredients

Zubereitung

Mandelspoom
Milch, Sahne und Mandeln aufkochen und einige Stunden ziehen lassen. Danach den ersten Zucker und das Eigelb dazu rühren und zur Rose abziehen (auf 85° C erhitzen). Die Mandelmasse passieren und abkühlen; erst jetzt das Mandelöl beigeben und in der Eismaschine gefrieren.
Kurz bevor das Eis fertig gefroren ist, das geschlagene Eiweiß mit Zucker unter die Eismasse ziehen und fertig gefrieren. Danach rasch servieren.

Schritt 1
Die Aprikosen waschen, entsteinen und halbieren. Da die Früchte durch das spätere Dünsten etwas zusammen schrumpfen, muss die gewünschte Terrinenform mit den Früchten zuerst überfüllt werden.
Danach werden die Früchte abgewogen, damit man weiß, wie viele Früchte man für diese Form benötigt. Erst jetzt kann man das angegebene Rezept mit der Fruchtmenge angleichen.

Schritt 2
Die Früchte werden mit dem Alkohol und Zucker in einer Kassarolle abgedeckt und bei leichter Hitze gedünstet, bis alle Früchte weich sind und im eigenen Saft schwimmen.

Schritt 3
Die grob gehackten Pistazienkerne und die eingeweichte Gelatine werden untergerührt.

Schritt 4
Das Ganze in die Terrinnenform füllen, mit Plastikfolie abdecken, pressen und kaltstellen. Nach 4 – 5 Stunden Kühlung hat das Ganze so gut angezogen, dass es sich mit einem Elektromesser gut schneiden lässt.

Dekor
Rund gespritzter Isomaltzucker
Essbare Blüten

Method

Almond spoom
Boil the milk, cream and almonds and leave to infuse for several hours. Then add the first quantities of sugar and the egg yolk and heat until the mixture reaches the nappe stage (85° C). Strain the almond mixture and leave to cool; then add the almond oil and freeze the mixture in the ice-cream maker.
Just before the ice-cream is fully frozen, fold the whipped egg white with the sugar into the ice-cream and freeze. Serve immediately.

Step 1
Wash, stone and halve the apricots. As the apricots shrink somewhat when stewed, the tureen mould must first be overfilled with the fruit.
Then weigh the fruit so that you know how much is needed for this mould. Only then is it possible to adapt the recipe to suit the fruit quantity.

Step 2
Place the fruit, alcohol and sugar into a casserole and stew at a low heat until the fruit is soft and swims in its own juice.

Step 3
Fold in the roughly chopped pistachios and the soaked gelatine.

Step 4
Fill the mixture into a tureen mould, cover with a plastic film, press and place into the refrigerator. After 4 – 5 hours the mixture will have set sufficiently that it is possible to cut it with an electric knife.

Decoration
Isomalt sugar piped in rings
Edible flowers

Kirschenauflauf

Kirschenauflauf, auch unter der Bezeichnung „Clafoutis“ bekannt, ist ein Auflauf, den man als Gratin auf verschiedene Arten mit diversen Früchten variieren kann.

Baked cherry pudding

Baked cherry pudding is also known as “clafoutis” – a pudding which can be varied in different ways with various types of fruit.

Vanilleeis

3 dl Sahne
3 dl Milch
6 Eigelbe
150 g Zucker
2 Vanilleschoten

Kirschenauflauf

500 g Kirschen, entkernt
Pistazienkerne
80 g Zucker
4 Eier
4 cl Milch
1/2 Vanilleschote
50 g Mandelgrieß
60 g Mehl

Zutaten

1

2

3

Vanilla ice-cream

3 dl cream
3 dl milk
6 egg yolks
150 g sugar
2 vanilla pods

Baked cherry pudding

500 g cherries, stoned
shelled pistachios
80 g sugar
4 eggs
4 cl milk
1/2 vanilla pod
50 g ground almonds
60 g flour

Ingredients

Zubereitung

Vanilleeis
Alle Zutaten verrühren und über kochendem Wasser im Kessel zur Rose abziehen (auf 85° C erhitzen). Die Honigmasse passieren, abkühlen und in der Eismaschine gefrieren.

Schritt 1
Die entsteinten Kirschen oder auch andere Früchte mit den Pistazienkernen in einen Teller oder in eine Backform geben.

Schritt 2
Den Zucker und die Eier schaumig aufschlagen. Die Milch mit der Vanilleschote aufkochen, passieren und heiß in die Eiermasse einrühren und schaumig weiter schlagen. Mehl und Mandelgrieß mischen und unter die Eiermasse ziehen. Das Ganze über die Früchte leeren.

Schritt 3
Die Masse mit den Kirschen im Teller bei 220° C backen.

Dekor
Puderzucker
Meringuestäbchen
Pfefferminzblatt

Method

Vanilla ice-cream
Mix all ingredients and heat over boiling water in a saucepan until it reaches the nappe stage (85° C). Strain the honey mixture, leave to cool and freeze in the ice-cream maker.

Step 1
Place the stoned cherries or any other fruit with the pistachios into a plate or any other baking dish.

Step 2
Whip the sugar and eggs until frothy. Boil the milk with the vanilla pod, strain and pour into the egg mixture while still hot. Continue to whip until frothy. Combine the flour with the ground almonds and fold into the egg mixture. Pour this mixture over the fruit.

Step 3
Bake the mixture with the cherries in the plate at 220° C.

Decoration
Icing sugar
Meringue bar
Sprig of mint

Erdbeerrosette mit Cassisgranité

Das Granité, das bei den jüngeren Patissiers leider in Vergessenheit geraten zu sein scheint, ist ein sehr erfrischendes Dessert – geradezu ideal für die warmen Sommermonate.

Strawberry rosette with blackcurrant granita

Granita, which unfortunately seems to have been forgotten by young pastry chefs, is a very refreshing dessert – ideal for the hot summer months.

Cassisgranité

3 dl Wasser
5 dl Weißwein
160 g Zucker
1 cl Creme de Cassis
5 cl Frusips (Cassis)

Zutaten

Blackcurrant granita

3 dl water
5 dl white wine
160 g sugar
1 cl Crème de Cassis
5 cl Frusips (blackcurrant)

Ingredients

Zubereitung

Schritt 1
Wasser, Weißwein und Zucker aufkochen und in eine passende Form gießen. Danach Creme de Cassis und Frusips beigeben und verrühren. Das Ganze tiefgefrieren.

Schritt 2
Mit Hilfe eines Löffels wird der angefrorene Cassissaft aufgetaut und weiter gefroren. Dieser Vorgang muß mehrmals wiederholt werden, bis schöne Kristalle entstanden sind.

Dekor
Zuckerkörbchen (siehe Zuckerdekor Seite 26)
Erdbeerscheiben
Passionsfruchtsoße
Weiße Schokoladenstäbchen
Pfefferminzblatt

Method

Step 1
Boil the water, white wine and sugar and pour into a suitable mould. Then add the crème de cassis and Frusips and mix. Freeze the mixture.

Step 2
Using a spoon melt the slightly frozen blackcurrant juice and freeze once more. Repeat several times until attractive crystals have formed.

Decoration
Sugar basket (refer to sugar decoration page 27)
Strawberry slices
Passion fruit sauce
White chocolate rods
Sprig of mint

Himbeer-Ingwersorbet mit Rhabarberkompott

Dieses Sorbet zeigt wie wunderschön ein Sorbet oder Eis präsentiert werden kann.
Das Vorteilhafte daran ist, dass diese Kreation schon lange vor dem Servieren vorgefertigt und im Tiefkühler aufbewahrt werden kann und deshalb auch für den großen Bankettbereich gut einsetzbar ist.

Raspberry ginger sorbet with rhubarb compote

This sorbet is a good example of how attractively a sorbet or ice-cream can be presented.
The advantage is that this creation can be prepared in the freezer long before serving and is therefore also very suitable for large banquets.

Himbeer-Ingwersorbet

3 dl Wasser
1/2 Ingwerzehe
60 g Zucker
40 g Honig
2 dl Sekt
150 g Himbeermark

Zutaten

Raspberry ginger sorbet

3 dl water
1 dsp ginger root
60 g sugar
40 g honey
2 dl cava (sparkling wine)
150 g puréed raspberries

Ingredients

Zubereitung

Das Wasser mit dem geschälten und klein geschnittenen Ingwer, Zucker und Honig aufkochen und mindestens sechs Stunden bei Raumtemperatur ziehen lassen. Den Sekt und das Himbeermark dazu leeren, gut verrühren und passieren. Die Masse in der Eis- oder Sorbetmaschine gefrieren.

Schritt 1
Schokoladengitter
Temperierte Kuvertüre wird gitterförmig auf eine Plastikfolie aufgespritzt. Die Kuvertüre leicht anziehen lassen und mit der Folie umdrehen und beschweren.

Schritt 2
Die Folie wird mit Gegendruck (einem Lineal oder einer Alu-Latte) abgezogen.

Dekor
Rhabarberkompott (siehe Seite 40)
Frische Himbeere
Puderzucker
Schokoladenstäbchen
Pfefferminzblatt

Method

Boil the water with the peeled and finely chopped ginger, sugar and honey and leave to infuse for at least six hours at room temperature. Add the cava and puréed raspberries, mix well and strain. Freeze the mixture in the ice-cream or sorbet machine.

Step 1
Chocolate lattice
Pipe a lattice of tempered couverture chocolate onto a sheet of plastic film. Leave the couverture chocolate to set slightly, turn over with the film and weight down.

Step 2
Remove the film by exerting counterpressure (with a ruler or aluminium bar).

Decoration
Rhubarb compote (refer to page 41)
Fresh raspberries
Icing sugar
Chocolate rods
Sprig of mint

Camparisorbet in der Schokoladentüte

Eine Schokoladentüte, angeklebt mit temperierter Kuvertüre und Kältespray – so übersteht Schokoladendekor fast jeden Service.

Campari sorbet in a chocolate cone

A chocolate cone, attached with tempered couverture chocolate and freezing spray – this way chocolate decoration can survive the toughest of serving conditions.

Camparisorbet

3 dl Wasser
2 dl Campari
60 g Zucker
20 g Glucose
1 Orange / Saft
1 Limette / Saft

Zutaten

Zubereitung

Alle Zutaten einmal aufkochen, abkühlen lassen und passieren. Das Ganze in der Eis- oder Sorbetmaschine gefrieren.

Schritt 1
Schokoladentüte
Die gerillte Dekorfolie in Dreiecke mit einer Seitenlänge von jeweils 15 cm schneiden. Die dreieckige Dekorfolie zu einer Tüte zusammenrollen und mit einem Klebestreifen zusammenkleben.

Wichtig
Bitte achten Sie darauf, dass die Rillen der Dekorfolie, beim Zusammendrehen der Tüte innen verlaufen.

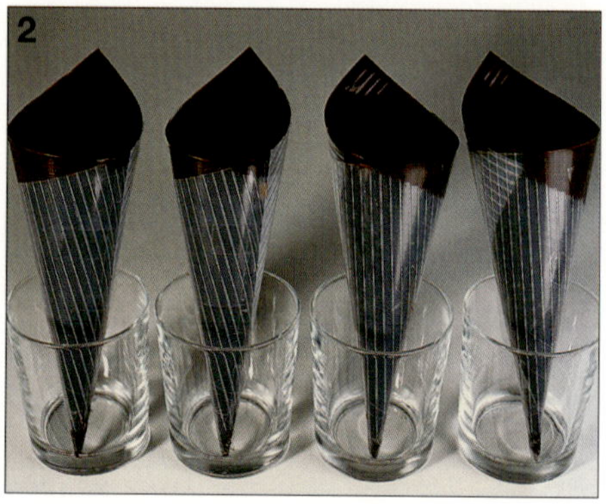

Campari sorbet

3 dl water
2 dl Campari
60 g sugar
20 g glucose
1 orange / juice
1 lime / juice

Ingredients

Method

Boil all ingredients, leave to cool and strain. Freeze the mixture in the ice-cream or sorbet machine.

Step 1
Chocolate cone
Cut the grooved decoration film into a triangle with a side length of 15 cm. Roll the triangular decoration film to a cone shape and stick together with a piece of adhesive tape.

Important
Please make sure that the grooves on the decoration film are on the inside when making the cone.

Schritt 2
Die Plastiktüten werden in ein Glas oder einen anderen Behälter gestellt und bis zum Rand mit temperierter Kuvertüre gefüllt. Kurze Zeit stehen lassen, bis die Kuvertüre am Rand 2 mm dick angezogen hat.

Schritt 3
Die mit Kuvertüre gefüllten Plastiktüten werden ausgeleert und an einer Stange mit einem Klebstreifen verkehrt aufgehängt. So läuft die Schokolade gleichmäßig aus.

Schritt 4
Die Plastiktüten mit der bereits harten Kuvertüre kurz in den Tiefkühler geben, herausnehmen und die Schokoladentüten so lange wie möglich in Folie lagern. Je länger die Schokolade in der Folie bleibt, desto intensiver wird der Glanz.

Schritt 5
Die Schokoladentüte wird mit Hilfe einer halben Trüffelhohlkugel oder einer anderen Hohlkugel befestigt. In die kleine Halbkugel wird oben ein kleines Loch geschmolzen, danach wird sie mit Kuvertüre auf den Teller geklebt. Zwei Drittel der Halbkugel mit temperierter Kuvertüre füllen, danach die Schokoladentüte einsetzen und mit Kältespray fixieren.

Dekor
Marinierte Früchte
Gerollte Schokoladenstäbchen (siehe Seite 20)
Pfefferminzblatt
In Campari gekochte Orangenschale

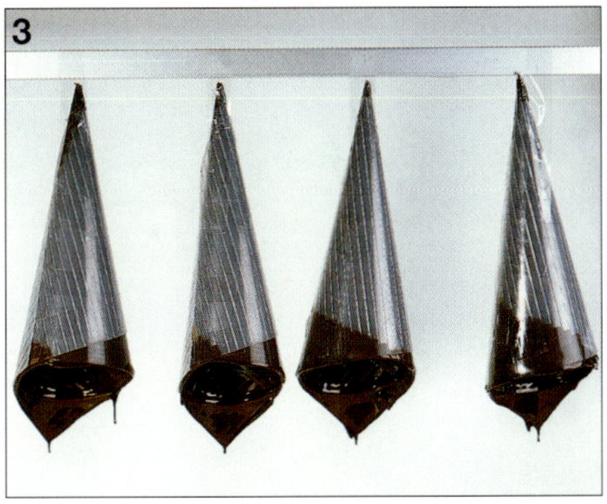

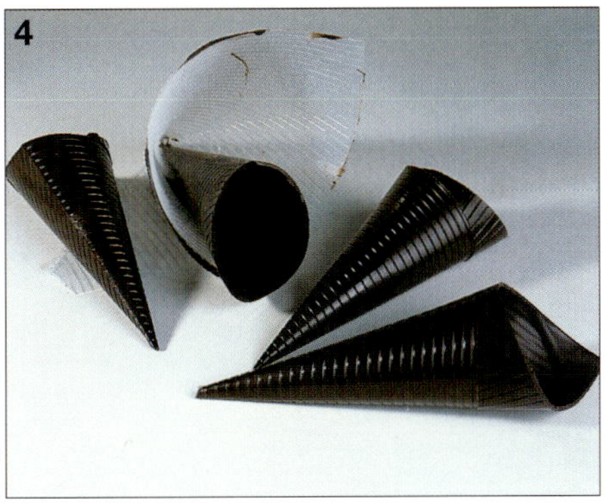

Step 2
Place the plastic cones into a glass or another container and fill up with tempered couverture chocolate. Leave to stand for a short time until the edge of the couverture chocolate has set to a thickness of 2 mm.

Step 3
Empty the chocolate from the plastic cones and hang the cones upside down on a rod with a strip of adhesive film. The chocolate can then drain out evenly.

Step 4
Place the plastic cones with the hardened couverture briefly into the deep freezer, remove and store the chocolate cones in film as long as possible. The longer the chocolate stays in the film, the more intensive the gloss will be.

Step 5
The chocolate cone is attached with half a round truffle shell or another spherical shell. Melt a small hole into the top of the small shell half, then attach this to the plate with couverture chocolate. Fill two halves of the sphere with tempered couverture chocolate, then place the chocolate cone in position and fix with freezing spray.

Decoration
Marinated fruit
Rolled chocolate rods (refer to page 21).
Sprig of mint
Orange peel cooked in Campari

Zubereitungszeit / Preparation time: 30 Min. 8 Personen / Serves 8

Grünteekrem mit Litschis

Der Grüntee als Bestandteil der japanischen Philosophie und Teekultur datiert auf eine alte Tradition zurück. Diese besonderen Teeblätter gibt es auch in Pulverform, was für die Verwendung mit Eis und diversen Kremen deutlich von Vorteil ist.

Green tea cream with lychees

Green tea is an ancient, traditional element of Japanese philosophy and tea culture. These special tea leaves are also available as a powder, which is a considerable advantage for use with ice-cream and various creams.

Grünteekrem

2,5 dl Milch
60 g Zucker
10 g Grünteepulver
4 Eigelbe
3 Blatt Gelatine
2,5 dl Sahne

Litschi-Marinade

7,5 cl Sahne
30 g Batida de Coco
20 g Puderzucker

Zutaten

Green tea cream

2.5 dl milk
60 g sugar
10 g green tea powder
4 egg yolks
3 sheets of gelatine
2.5 dl cream

Lychee marinade

7.5 cl cream
30 g Batida de Coco
20 g icing sugar

Ingredients

Zubereitung

Schritt 1
Den Zucker mit dem Grünteepulver und den Eigelben leicht verrühren und danach die heiße Milch dazu gießen. Das Ganze zur Rose (auf 85° C erhitzen) abziehen und passieren.

Schritt 2
Die in Wasser eingeweichte Gelatine wird in der noch warmen Teesoße aufgelöst. Die gesamte Masse abkühlen bis die Gelatine leicht anzieht.

Schritt 3
Die geschlagene Sahne vorsichtig unterheben.

Schritt 4
Die Krem wird in Förmchen gespritzt und glatt gestrichen.

Litschi-Marinade
Alle Zutaten vermengen und die Litschis einige Stunden darin marinieren. Anschließend die Soße abpassieren, schaumig aufschlagen und mit den Litschis servieren.

Dekor
Schokoladenlitschi aus einer selbstgemachten Silikonform
Schokoladenstäbchen
Schokoladenblättchen

Method

Step 1
Lightly mix the sugar with the green tea powder and the egg yolks and then add the hot milk. Heat the mixture until it reaches the nappe stage (85° C) and strain.

Step 2
Dissolve the gelatine, previously soaked in water, in the tea sauce while still warm. Cool the mixture until the gelatine sets slightly.

Step 3
Carefully fold in the whipped cream.

Step 4
Pipe the cream into small moulds and smooth the tops.

Lychee marinade
Mix all ingredients and marinate the lychees in the mixture for several hours. Then strain the sauce, whip until foamy and serve with the lychees.

Decoration
Chocolate lychee from a home-made silicone mould
Chocolate rods
Chocolate leaves

Falsche Topfenknödel mit Rotwein-Buttereis

Da Knödel bekanntlich die Form einer runden Kugel haben, setzt man, um auch für dieses anders geformte Dessert den Begriff „Knödel“ verwenden zu können, einfach das Wort „falsch“ davor.

False quark dumpling with red wine butter ice-cream

Due to the fact that dumplings are usually shaped like a round ball, the name of this dessert contains the word “false” as it has a different shape.

Rotweinbuttereis

2,5 dl dunklen Rotwein
1/2 Vanilleschote
1 Backpflaume
100 g Zucker
6 Eigelbe
100 g Butter

Rotweinsoße

1,5 dl dunkler Rotwein
40 g Glukose
1 Backpflaume
1/4 Blatt Gelatine

Topfenknödel

25 g Butter
20 g Zucker
etwas Zitronenschale
1 Eigelb
1 Ei
70 g Weißbrot
200 g Topfen

Butterbrösel

20 g Butter
60 g Biskuitbrösel
30 g Puderzucker
1 Prise Zimtpulver

Zutaten

Red wine butter ice-cream

2.5 dl dark red wine
1/2 vanilla pod
1 prune
100 g sugar
6 egg yolks
100 g butter

Red wine sauce

1.5 dl dark red wine
40 g glucose
1 prune
1/4 sheet of gelatine

Quark dumpling

25 g butter
20 g sugar
some lemon zest
1 egg yolk
1 egg
70 g white bread
200 g quark

Butter breadcrumbs

20 g butter
60 g crumbled sponge
30 g icing sugar
1 pinch of ground cinnamon

Ingredients

Zubereitung

Rotweinbuttereis

Den Rotwein mit der Vanille und der Backpflaume einen Tag ziehen lassen. Zucker und Eigelbe dazu geben, glatt rühren und zur Rose abziehen (auf 85° C erhitzen). Die Masse passieren und abkühlen lassen, im lauwarmen Zustand die weiche Butter einrühren und gefrieren.

Rotweinsoße

Rotwein, Glucose und Backpflaume ca. 2 Minuten einkochen und passieren. Die eingeweichte Gelatine darin auflösen und abkühlen lassen.
Bei Raumtemperatur verarbeiten.

Topfenknödel

Die weiche Butter mit dem Zucker und der geriebenen Zitronenschale schaumig aufschlagen. Nach und nach das Eigelb und das Ei unter die schaumige Buttermasse rühren und weiter schaumig schlagen. Das fein, würfelförmig (1mm x 1mm) geschnittene Weißbrot unterheben und mindestens 30 Minuten quellen lassen. Danach den Topfen unterrühren und das Ganze nochmals mindestens 1 Stunde im Kühlschrank ziehen lassen.

Butterbrösel

Die Butter schmelzen, die restlichen Zutaten beigeben und gut verrühren.

Method

Red wine butter ice-cream

Leave the red wine, vanilla and prune to soak for one day. Add the sugar and egg yolks, mix until smooth and heat until the mixture reaches the nappe stage (heat to 85° C). Strain the mixture and leave to cool; while still warm mix in the soft butter and freeze..

Red wine sauce

Boil the red wine, glucose and prune for approximately two minutes and strain. Dissolve the soaked gelatine in this mixture and leave to cool.
Work at room temperature.

Quark dumpling

Whip the soft butter with the sugar and the grated lemon zest until foamy. Gradually mix the egg yolk and egg into the frothy butter mixture and continue to whip. Add the finely cubed (1mm x 1mm) white bread and leave to soak for at least 30 minutes. Then fold in the quark and leave the mixture to rest in the refrigerator once more for at least one hour.

Butter breadcrumbs

Melt the butter, add the remaining ingredients and mix well.

Schritt 1
In die Butter-Zucker-Eiermasse das fein geschnittene Weißbrot unterrühren.

Schritt 2
In die gequellte Masse den Topfen unterziehen.

Schritt 3
Die Topfenmasse mit Hilfe einer Aluminiumstange in eine Plastikfolie einrollen.

Schritt 4
Die in Plastikfolie eingerollte Topfenmasse abermals in Aluminiumfolie einrollen. Danach die Stange mit der Topfenmasse 25 Minuten im heißen Wasser pochieren (das Wasser darf nicht kochen, da sonst alles aufplatzen würde).

Step 1
Add the cubed white bread to the butter, sugar and egg mixture.

Step 2
Mix the quark into the soaked mixture.

Step 3
Roll the quark mixture into a piece of plastic film with the aid of an aluminium rod.

Step 4
Roll the wrapped quark mixture again into a piece of aluminium foil. Afterwards poach the quark mixture and the rod in hot water for 25 minutes (the water should not boil, as this would make everything burst open).

4

5

Schritt 5

Die fertig pochierte Topfenmasse aus den beiden Folien nehmen und in Butterbrösel drehen. Mit Puderzucker bestäuben und in kleine Stücke schneiden.

Tipp

Der Unterschied zwischen Topfen (Schichtkäse in Norddeutschland) und Quark bezieht sich nicht nur auf die österreichische und bayrische Bezeichnung, sondern vor allem darin, dass dem Topfen die Molke komplett entzogen worden ist und aufgrund dessen auch wesentlich trockener ist. Im Quark ist nach wie vor ein großer Anteil der Molke enthalten und seine Konsistenz ist deshalb wesentlich weicher und somit für diese Knödel nicht geeignet.

Step 5

When the quark mixture is finished, remove from both layers of foil and roll in butter breadcrumbs. Dust with icing sugar and cut into small pieces.

Our tip

The quark used in this recipe is a special type called "Topfen" in German and differs from the normal type of quark in that the whey has been completely removed, making it much drier. Regular quark still contains a large amount of whey, making its consistency much softer and therefore unsuitable for these dumplings.

Ingwernudeln mit Jogurteis im Hippenrohr

Eine sehr attraktive Kreation, die sich nur im à la Carte-Geschäft verwirklichen läßt, da die Hippe nach längerem Stehen durch das Eis rasch erweicht.

Ginger pasta wih yoghurt ice-cream in hippen paste roll

A very attractive creation which is only suitable for à la carte business, as the hippen paste quickly softens when left for any period of time.

Zutaten

Nudelteig

240 g Mehl
10 g Kakaopulver
1 g Ingwerpulver
2 Eier
2,5 cl Öl
2,5 cl Creme de Cacao

Nudelwasser

1 l Wasser
200 g Zucker
20 g Butter

Ingwerbutter

100 g Butter
2 g Ingwerpulver
30 g Puderzucker

Ingwersoße

7 cl Milch
7 cl Sahne
10 g Ingwerschale
50 g Zucker
2 Eiweiß
5 cl Sahne

Jogurteis

375 g Jogurt natur
125 g Puderzucker
2 cl Zitronensaft
1 dl Sahne

Ingredients

Pasta dough

240 g flour
10 g cocoa powder
1 g powdered ginger
2 eggs
2.5 cl oil
2.5 cl Crème de Cacao

Pasta water

1 l water
200 g sugar
20 g butter

Ginger butter

100 g butter
2 g powdered ginger
30 g icing sugar

Ginger sauce

7 cl milk
7 cl cream
10 g ginger peel
50 g sugar
2 egg whites
5 cl cream

Yoghurt ice-cream

375 g plain yoghurt
125 g icing sugar
2 cl lemon juice
1 dl cream

Zubereitung

Nudelteig
Alle Zutaten in der Teigknetmaschine mehrere Minuten lang zu einem glatten, kompakten Teig verarbeiten. Der Teig sollte mindestens eine Stunde ruhen, bevor er weiterverarbeitet wird. Den Teig durch eine Pastamaschine rollen und die Nudeln auf einem Gitter trocknen lassen.

Nudelwasser
Wasser, Zucker und Butter zum Kochen bringen und darin die Nudeln schön al dente (al dente bedeutet, dass die Nudeln noch einen festen Kern haben) kochen.

Ingwerbutter
Butter schmelzen, Ingwerpulver und Puderzucker beigeben, gut durchrühren und die Nudeln darin abschwitzen. Heiß servieren.

Ingwersoße
Die Milch, Sahne und Ingwerschale über Nacht im Kühlschrank ziehen lassen. Am nächsten Tag Zucker und Eiweiß dazu rühren und das Ganze zur Rose abziehen (auf 85° C erhitzen) und passieren.
Die flüssige Sahne In die kalte Soße einrühren und mit einem Mixstab schaumig aufmixen.

Jogurteis
Jogurt und Zucker mit dem Zitronensaft glatt rühren. Die Sahne halb anschlagen und unter die Jogurtmasse ziehen und sofort in der Eismaschine gefrieren.

Method

Pasta dough
Mix all ingredients in a dough mixer for several minutes until a smooth, compact dough is formed. The dough should be left to rest for at least one hour before it is used. Roll the dough through a pasta maker and leave the pasta to dry on a wire rack.

Pasta water
Bring the water, sugar and butter to the boil and cook the pasta until it is al dente (this means that the pasta is still firm in the middle).

Ginger butter
Melt the butter, add the powdered ginger and the icing sugar, mix well and brown the pasta in this mixture. Serve while hot.

Ginger sauce
Leave the milk, cream and ginger peel to infuse overnight. The next day add the sugar and the egg white and heat until the mixture reaches the nappe stage (85° C), then strain.
Mix the liquid cream into the cold sauce and then mix until foamy with an electric whisk .

Yoghurt ice-cream
Mix the yoghurt and sugar with the lemon juice until smooth. Half-whip the cream, fold into the yoghurt mixture and immediately freeze in the ice-cream maker.

Schritt 1

Das Rezept der Hippenmasse befindet sich auf Seite 30.
Die Hippenmasse dünn auf die Lochback-Reliefmatte streichen und in den vorgeheizten Backofen (160° C) schieben. Zwei Mal backen, damit die Farbe gleichmäßig wird.

Schritt 2

Die fertig gebackene Hippe vorsichtig aus der Backform lösen und noch im warmen Zustand schneiden. Solange die Hippe noch warm ist, über ein Rohr (Ø 3 cm) rollen und die Enden dabei gut zusammenpressen.
Sollte dabei die Hippe zu stark auskühlen, muß sie aufgewärmt werden, damit sie beim Rollen nicht bricht.

Step 1

The hippen paste recipe is given on page 31.
Thinly spread the hippen paste onto the perforated relief mat and bake in the pre-heated oven at 160° C. The hippen paste should be baked in two stages to ensure an even colour.

Step 2

Carefully remove the finished hippen paste from the mould and cut while still warm. While it is still warm roll over a tube (Ø 3 cm) and press the ends together well.
If the hippen paste cools too much, it is necessary to reheat it so that it does not break when rolled.

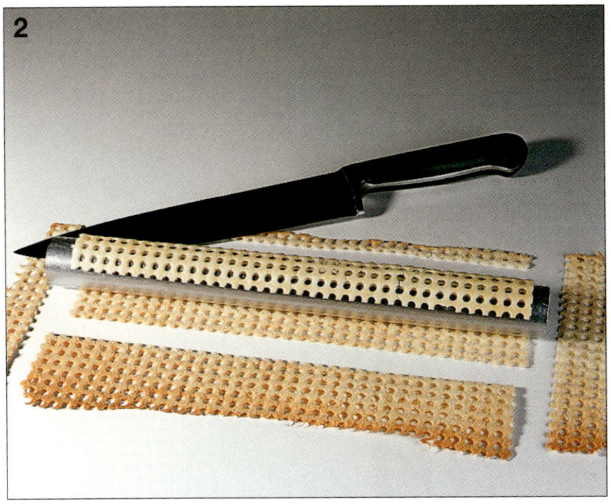

Tipp
Kleine Jogurteiskugeln schon im Tiefkühler portionieren, dann kann man sie während des Services herausnehmen und in die bereits angeklebte Hippenrolle fallen lassen.

Dekor
Kuvertüre zum Ankleben der Hippe am Teller
Pochierter, fein geschnittener Ingwer
Schokoladenstäbchen

Our tip
Freeze the yoghurt ice-cream in small balls so that they can be easily served when required and simply dropped into the attached hippen paste roll.

Decoration
Couverture chocolate for attaching the hippen paste roll to the plate
Poached, finely chopped ginger
Chocolate rods

Zubereitungszeit / Preparation time: 60 Min. 4 Personen / Serves 4

Pochierter Zitronentart mit süßem Pesto

Wer dieses süße Pesto einmal probiert hat, wird begeistert sein – vor allem, wenn man es zusammen mit dem pochierten Zitronentart genießt. Eine Balance aus süß und sauer.

Poached lemon tart with sweet pesto

You will love this sweet pesto once you have tried it – especially together with this poached lemon tart. This dessert has a harmonious balance between sweet and sour.

Mürbeteig

50 Puderzucker
90 g Butter
1 cl Milch
10 g Stärke
140 g Mehl

Zitronentart

2 Zitronen / Saft
2 Limetten / Saft
140 g Zucker
6 Eigelbe
160 g Créme double

Vanillesahne

1,5 dl Sahne
20 g Puderzucker
1/2 Vanilleschote

Lambruscosorbet

2,5 dl Wasser
140 g Zucker
1 Limette / Saft
2,5 dl Lambrusco

Süßes Pesto

100 g Zucker
5 cl Wasser
1 Limette / Saft
20 St. Basilikumblätter
10 St. Macadamianüsse

Zutaten

Shortcrust pastry

50 g icing sugar
90 g butter
1 cl milk
10 g cornflour
140 g flour

Lemon tart

2 lemons / juice
2 limes / juice
140 g sugar
6 egg yolks
160 g double cream

Vanilla cream

1.5 dl cream
20 g icing sugar
1/2 vanilla pod

Lambrusco sorbet

2.5 dl water
140 g sugar
1 lime / juice
2.5 dl Lambrusco wine

Sweet pesto

100 g sugar
5 cl water
1 lime / juice
20 basil leaves
10 macadamia nuts

Ingredients

Zubereitung

Mürbeteig
Den Puderzucker mit der weichen Butter und der Milch leicht verkneten. Danach die Stärke mit dem Mehl beigeben und zu einem kompakten Teig kneten. Den Teig bis zur Weiterverarbeitung im Kühlschrank mindestens zwei Stunden ruhen lassen.

Zitronentart
Den Zitronen- und Limettensaft mit Zucker aufkochen. Eigelbe und Créme double verrühren und den kochenden Saft einrühren; alles passieren.

Vanillesahne
Das Mark der Vanilleschote mit Zucker und Sahne steif aufschlagen.

Lambruscosorbet
Das Wasser mit Zucker und Limettensaft aufkochen und etwas abkühlen lassen. Den Lambrusco dazu gießen und in der Eismaschine gefrieren.

Süßes Pesto
Den Zucker mit Wasser und Limettensaft auf 130° C kochen und leicht abkühlen lassen. Die Basilikumblätter mit einem Stabmixer im Zuckersud fein mixen, danach die Macadamianüsse dazugeben und ebenfalls fein im Sud mixen.

Method

Shortcrust pastry
Knead the icing sugar lightly with the soft butter and the milk. Then add the cornflour and flour and knead to form a compact dough. Leave the dough to rest in the refrigerator for at least two hours.

Lemon tart
Boil the lemon and lime juice with the sugar. Mix the egg yolks and double cream and stir in the boiling juice – strain the mixture.

Vanilla cream
Whip the flesh of the vanilla with sugar and cream.

Lambrusco sorbet
Boil the water with the sugar and lime juice and leave to cool slightly. Add the Lambrusco wine and freeze in the ice-cream maker.

Sweet pesto
Boil the sugar with the water and lime juice to 130° C and leave to cool slightly. Finely purée the basil leaves with an electric whisk, add the nuts and also mix until fine.

Schritt 1

Den Mürbeteig maximal 2 mm dick ausrollen und rund (Ø ca. 15 cm) ausstechen. Den ausgestochenen Mürbeteig in die leicht gebutterten Aluminiumringe (Ø ca. 9 cm) einlegen und ohne Löcher leicht andrücken. Den überstehenden Rand mit einem Messer abschneiden.

Schritt 2

Backpapier rund (Ø ca. 15 cm) ausschneiden und im Abstand von einem Zentimeter jeweils ca. 2 cm tief einschneiden. Dieses Papier in die Mürbeteigschalen legen, mit Haselnüssen auffüllen und im Backofen bei 180° C backen.

Nach dem Backen die Nüsse und das Papier wieder vorsichtig herausnehmen.

Step 1

Roll out the pastry to a maximum thickness of 2 mm and cut into rounds (Ø approx. 15 cm).

Place the cut rounds into the lightly buttered aluminium rings (Ø approx. 9 cm) and press down lightly without making any holes. Cut off the overhanging edge with a knife.

Step 2

Cut out baking paper to rounds with a diameter of approx. 15 cm and cut 2 cm slits in the paper at intervals of approx. 1 cm. Place this paper into the pastry shells, fill with hazelnuts and bake in the oven at 180° C.

After baking remove the nuts and the paper carefully.

Schritt 3
Die gebackenen Mürbeteigschalen mit dem Zitronentartsud füllen und sofort bei 150° C ca. 15 – 18 Minuten backen. Die Masse muß vollständig angezogen haben, darf aber niemals kochen, da sonst die Stabilität des „Flans" verloren geht.

Schritt 4
Den kalten Zitronentart mit einer einen Zentimeter dicken Schicht aus gesüßter Sahne mit Vanillegeschmack bestreichen und dabei mit einer Palette einkerben.

Dekor
Schokoladenblätter
Macadamianüsse
Ein in Fett fritiertes Basilikumblatt
Puderzucker
Limettenfilet
In Zucker getrocknete Zitronenscheiben
(wie Apfelscheiben; siehe Seite 153)
Eine halbe ausgehöhlte Limette als Kelch für das Sorbet

Step 3
Fill the baked pastry shells with the lemon tart mixture and bake immediately at 150° C for approx. 15 – 18 minutes. The mixture must set completely but should never boil, as this affects the stability of the "flan".

Step 4
Coat the cold lemon tart with a 1 cm thick layer of sweetened cream with vanilla flavouring and make a pattern with a pallet knife.

Decoration
Chocolate leaves
Macadamia nuts
A deep-fried basil leaf
Icing sugar
Filleted lime
Lemon slices dried in sugar (as apple slices, refer to page 153)
Half a hollowed-out lime as a cup for the sorbet

Rhabarberkrem mit Stracciatellaeis

Obwohl Rhabarber genaugenommen zum Gemüse zählt, ist er für die Frühjahrs- und Sommerpatisserie ideal.
Durch seine Eigensäure entwickelt er in Verbindung mit Zucker einen herrlichen Geschmack.

Rhubarb cream with stracciatella ice-cream

To be exact, rhubarb is a type of vegetable, but it is still ideal for spring and summer patisserie products. With the acid it contains it develops a delicious flavour when combined with sugar.

Rhabarberkrem

100 g pochierter Rhabarber
50 g Zucker
10 g Himbeersoße
2 Blatt Gelatine
2 dl Sahne

Stracciatellaeis

2 dl Milch
1 dl Sahne
1/4 Zitrone (die Schale)
2 Mokkabohnen
80 g Zucker
2 Eiweiß
25 g Kuvertüre

Zutaten

Zubereitung

Schritt 1
Vom 4 cm breiten Folienband 20 cm lange Streifen schneiden. Diese Streifen mit temperierter, rot gefärbter weißer Schokolade (siehe Seite 16 „Schokolade färben") dünn, kreisrund bespritzen.

Schritt 2
Die mit roter Schokolade bespritzten Folienbänder mit temperierter weißer Schokolade dünn bestreichen und leicht anziehen lassen. Vom Platz nehmen und die noch weiche Schokolade mit dem Folienband außen zu einem Tropfen biegen und beide Enden gut aneinander drücken, damit sie sich nicht mehr lösen.

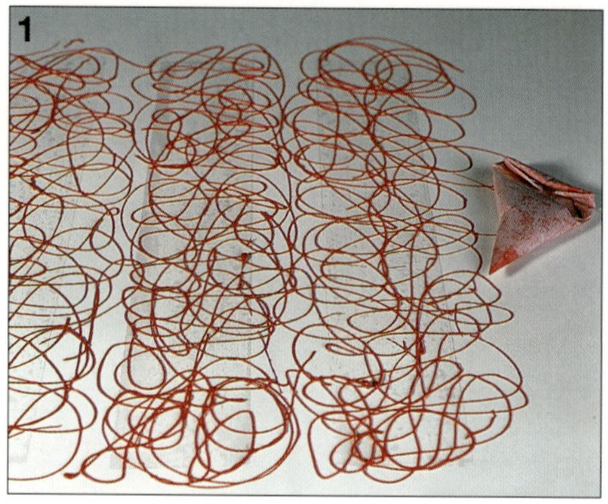

Rhubarb cream

100 g poached rhubarb
50 g sugar
10 g raspberry sauce
2 sheets of gelatine
2 dl cream

Stracciatella ice-cream

2 dl milk
1 dl cream
1/4 lemon (zest)
2 mocha beans
80 g sugar
2 egg whites
25 g couverture chocolate

Ingredients

Method

Step 1
Cut strips with a length of 20 cm from a 4 cm wide strip of plastic film. Pipe tempered white chocolate which has been coloured red (refer to page 17 "Colouring chocolate") thinly and in circles.

Step 2
Coat the film strips and the red chocolate with a thin layer of tempered white chocolate and leave to set slightly. Pick up the strips and bend the chocolate while still soft to the shape of a drop with the film strip on the outside, pressing both ends together well so that they do not become detached.

Rhabarberkrem

Die warmen, weich gekochten Rhabarberstücke mit Zukker und Himbeersoße gut verrühren und nicht passieren. Die eingeweichte, aufgelöste Gelatine dazu geben und kalt rühren; anschließend die geschlagene Sahne unterheben.

Tipp

Die gefüllten Schokoladentropfen mit der Folie in den Kühlschrank geben und die Folie erst kurz vor dem Servieren abnehmen, so bleibt der schöne Schokoladenglanz erhalten und außerdem kann im Kühlschrank keine Feuchtigkeit anziehen.

Stracciatellaeis

Die Milch, die Sahne, die Zitronenschale und die zerstoßenen Mokkabohnen aufkochen. Eiweiß und Zucker verrühren und die heiße Milchsahne darüber leeren und zur Rose abziehen (auf 85° C erhitzen) abziehen. Die Masse passieren, abkühlen lassen und in der Eismaschine gefrieren. Bevor das Eis fertig gefroren ist, warme, nicht temperierte Kuvertüre sehr dünn in die Eismasse spritzen.

Dekor

Kandierter Rhabarber

Den Rhabarber mit der Aufschnittmaschine in 1 mm dicke Streifen schneiden, diese durch heißen Läuterzucker (Sirup 34° Be) ziehen und auf einer Silpatmatte im Backofen bei 60° C trocknen. Mehrmals umdrehen, bis die Streifen richtig knusprig geworden sind.

Ein Hippenteil als Eisunterlage

Zwei Erdbeeren, davon eine halbe Erdbeere hinten einschneiden und in den Schokoladentropfen stecken

Mit Stärke eingekochter Rhabarbersaft als Soße

2

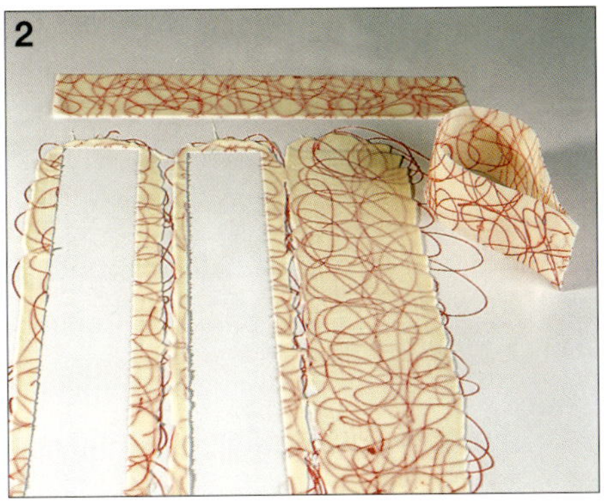

Rhubarb cream

Mix the warm, stewed and soft rhubarb pieces with sugar and raspberry sauce; do not strain. Add the soaked, dissolved gelatine and stir until cold, then fold in the whipped cream.

Our tip

Place the filled chocolate drop with the film into the refrigerator and only remove the film just before serving to preserve the attractive gloss. Another advantage is that the chocolate cannot absorb any moisture in the refrigerator.

Stracciatella ice-cream

Boil the milk, the cream, the lemon zest and the crushed mocha beans. Mix the egg white and sugar, pour the hot milk and cream over the mixture and heat until it reaches the nappe stage (85° C). Strain the mixture, leave to cool and freeze in the ice-cream maker. Before the ice-cream is completely frozen, very thinly pipe warm, untempered couverture chocolate into the ice-cream mixture.

Decoration

Candied rhubarb

Cut the rhubarb into 1mm thick slices with the slicer, dip the slices into hot sugar syrup (34° Be) and dry on a Silpat mat in the oven at 60° C. Turn several times until the slices are really crispy.

A hippen paste base for the ice-cream

Two strawberries – cut one strawberry half at the back and place into the chocolate drop

With rhubarb juice thickened with cornflour as a sauce

Zubereitungszeit / Preparation time: 40 Min. 8 Personen / Serves 8

Pfirsichkaltschale mit Johannisbeeren im Zuckerkelch

Ein sehr einfaches Dessert, das auch im mittleren Bankettbereich gut produziert werden kann, vorausgesetzt die Luftfeuchtigkeit ist nicht zu hoch, denn sonst wird der Zucker sehr leicht feucht und kristallisiert.

Peach kaltschale with redcurrants in a sugar cup

This is a very simple dessert which can also be easily made for a mid-range banquet – the air humidity should not be too high, as this would make the sugar moist and crystallise.

Pfirsichkaltschale

1 kg Pfirsiche
100 g Zucker
1/2 Vanilleschote
250 g Jogurt
1/2 Zitrone (Saft)
1 cl Pfirsichlikör

Zutaten

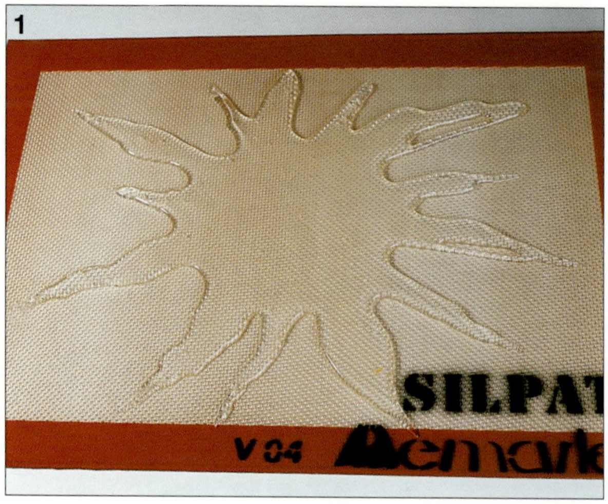

Peach kaltschale

1 kg peaches
100 g sugar
1/2 vanilla pod
250 g yoghurt
1/2 lemon (juice)
1 cl peach liqueur

Ingredients

Zubereitung

Die Pfirsiche waschen, entsteinen und in kleine Stücke schneiden. Anschließend die Pfirsiche mit Zucker und Vanille, bei leichter Hitze zugedeckt dünsten, bis alles butterweich gekocht ist. Den Pfirsichbrei passieren, abkühlen lassen und die restlichen Zutaten einrühren und kaltstellen.

Schritt 1
Den Isomaltzucker in einer Pfanne schmelzen und sternförmig auf eine Silpatmatte gießen. Eventuell mit einem Stäbchen die Spitzen des Zuckers heraus ziehen, solange der Zucker noch flüssig ist.

Schritt 2
Die kalte Isomaltplatte über eine konische Form legen und unter eine Wärmelampe stellen, damit sich der Zucker über die Form legen kann. Abkühlen lassen und trocken lagern.

Dekor
Johannisbeersoße (siehe Beerensoße Seite 56)
Johannisbeeren
Pfirsichspalte
Schokoladenstäbchen

Method

Wash and stone the peaches and cut into small pieces. Then stew the peaches with the sugar and vanilla in a covered pan over a low heat until the peaches are very soft. Rub the peaches through a sieve, add the remaining ingredients and place in the refrigerator.

Step 1
Melt the Isomalt sugar in a pan and pour onto a Silpat mat in the shape of a star. If necessary pull the points of the sugar out with a stick as long as it is still liquid.

Step 2
Place the cold Isomalt sheet over a conical mould and place under a heating lamp so that the sugar can shape to the mould. Leave to cool and store in a dry place.

Decoration
Redcurrant sauce (refer to berry sauce page 57)
Redcurrants
Peach slices
Chocolate rods

Philadelphiakrem mit Himbeeren

Philadelphiakrem erfreut sich in den USA ganz besonderer Beliebtheit – ein Klassiker also, der sicher auch in unseren Breitengraden von vielen geschätzt wird.

Philadelphia cream with raspberries

Philadelphia cream is extremely popular in the United States – this is therefore a classic dessert which is also sure to be a favourite with many in our latitudes.

Philadelphiakrem

600 g Frischkäse
150 g Puderzucker
1 cl Rum
4 Blatt Gelatine
4 dl geschlagene Sahne
20 g Bitterkuvertüre

Biskuit (siehe Seite 292)

Zutaten

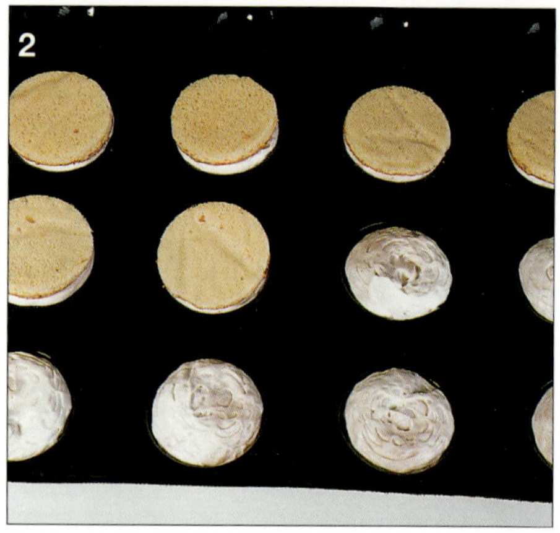

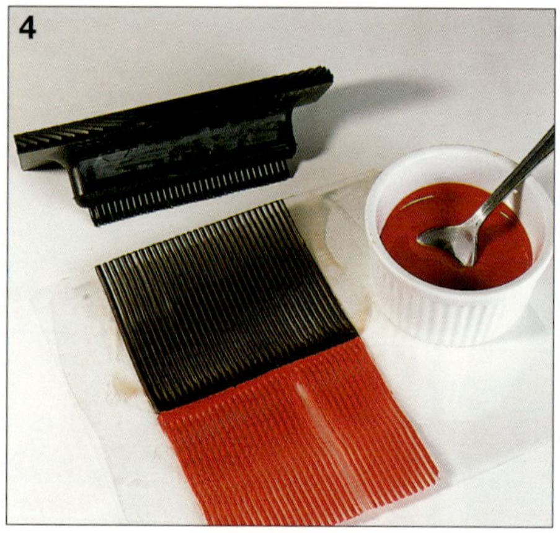

Philadelphia cream

600 g Philadelphia cream cheese
150 g icing sugar
1 cl rum
4 sheets of gelatine
4 dl whipped cream
20 g bitter couverture chocolate

Sponge (refer to page 292)

Ingredients

Zubereitung

Den Frischkäse mit Puderzucker glatt rühren. Die eingeweichte Gelatine mit Rum warm auflösen und unter die Frischkäsemasse rühren. Danach die geschlagene Sahne unterheben.

Schritt 1
Ein Achtel der Krem mit der flüssigen Kuvertüre verrühren und anschließend mit der restlichen Krem vermengen; so ergibt sich eine leicht marmorierte Philadelphiakrem.

Schritt 2
Die Krem in eine Form füllen und mit einem Biskuitdeckel verschließen. Kurz angefrieren und aus der Silikonform drücken.

Schritt 3
Die Krem mit Ganachglasur (siehe Seite 262) überziehen.

Schritt 4
Zwei temperierte Schokoladen, dunkel und rot (siehe Seite 16 Färben von Schokolade) dünn auf eine Plastikfolie streichen und mit einem Kamm darüber streichen. Dabei sollten dünne Schokoladenstäbe entstehen, die an einer Seite geschlossen sind.

Dekor
Himbeersoße, siehe Seite 56
Frische Himbeere
Pfefferminzblatt

Method

Mix the cheese with the icing sugar until smooth. Dissolve the soaked gelatine in the rum over heat and fold into the cream cheese mixture. Then fold in the whipped cream.

Step 1
Mix one eighth of the cream with the liquid couverture chocolate and then stir into the remaining cream to create a marbled effect.

Step 2
Fill the cream into a mould and close with a sponge lid. Freeze for a short time and press out of the silicone mould.

Step 3
Coat the cream with canache glaze (refer to page 262).

Step 4
Thinly spread two types of tempered chocolate, dark and red (refer to page 17, Colouring chocolate) onto a piece of plastic film and run a comb through the layers. This should produce thin chocolate rods which are closed on one side.

Decoration
Raspberry sauce refer to page 57
Fresh raspberries
Sprig of mint

Pistazienpudding mit frischen Walderdbeeren

Viele Kollegen werden besorgt sein, dass dieser Schokoladendekor beim Servieren umfallen könnte, aber dem ist nicht so. Wenn dieser Dekor mit temperierter Kuvertüre und Kältespray angeklebt wird, hält er auch einem robusten Service stand.

Pistachio pudding with fresh forest strawberries

Many colleagues will worry that this chocolate decoration might fall over when the dessert is served, but this is not the case. When this decoration is attached with tempered couverture chocolate and freezing spray, it will also withstand tough serving conditions.

Pistazienpudding

50 g Butter
20 g Zucker
4 Eigelbe
1 cl Maraschino
60 g Pistazienkerne
40 g Biskuitbrösel
4 Eiweiß
60 g Zucker

Pistazienmousseline

2 dl Sahne (32% Fett)
60 g Zucker
5 cl Vanillesoße (siehe Seite 50)
1 cl Kirsch
0,5 cl Amaretto
20 g geriebene Pistazien

Zutaten

1
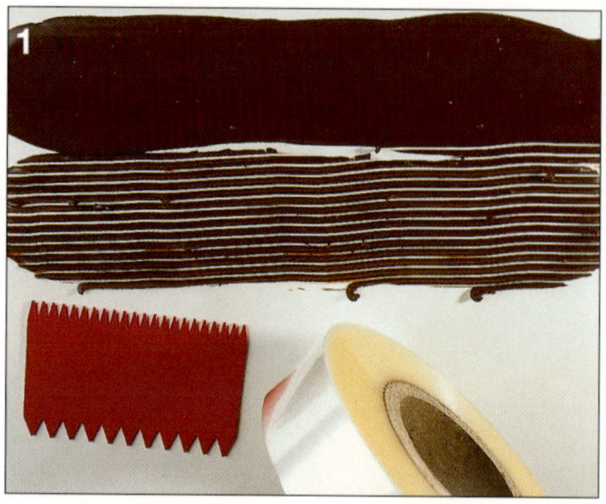

2
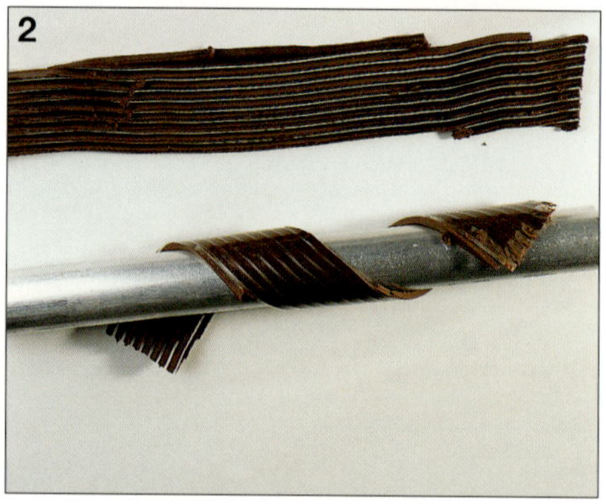

3
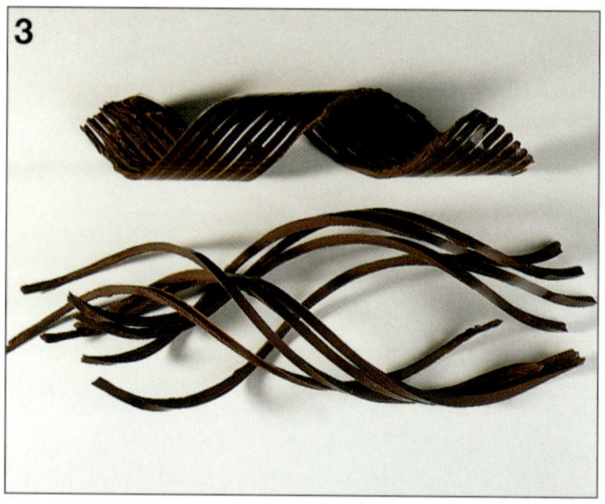

4

Pistachio pudding

50 g butter
20 g sugar
4 egg yolks
1 cl maraschino
60 g shelled pistachios
40 g crumbled sponge
4 egg whites
60 g sugar

Pistachio mousseline

2 dl cream (32 per cent fat)
60 g sugar
5 cl vanilla sauce (refer to page 51)
1 cl kirsch
0.5 cl Amaretto
20 g ground pistachios

Ingredients

Zubereitung

Pistazienpudding
Die weiche Butter mit Zucker, Eigelben und Maraschino schaumig aufschlagen. Die fein geriebenen Pistazienkerne und Brösel unter die Buttermasse rühren. Eiweiß und Zucker zu Schnee schlagen und unter die Pistazien-Buttermasse ziehen. Die Masse, zu drei Viertel der gesamten Höhe in gebutterte und gezuckerte Förmchen füllen und im Wasserbad bei 195° C ca. 30 Minuten im Ofen backen.

Pistazienmousseline
Die Sahne mit dem Zucker aufschlagen und die restlichen Zutaten unterrühren.

Schritt 1
Temperierte Kuvertüre drei Millimeter dick auf ein Folienband streichen und leicht anziehen lassen. Mit Hilfe eines Kamms die noch weiche Kuvertüre kämmen.

Schritt 2
Das gekämmte Folienband mit der Kuvertüre mit der Folie nach außen um ein Aluminiumrohr (Ø 3 cm) rollen. Fünf Minuten in den Tiefkühler legen.

Schritt 3
Die Schokoladenrolle vom Aluminiumrohr ziehen und danach die Folie abziehen. Die einzelnen Schokoladenspiralen auseinander nehmen.

Schritt 4
Mit temperierter Kuvertüre und Kältespray die einzelnen Spiralen am Teller ankleben.

Dekor
Walderdbeeren
Pistazienkerne
Pfefferminzblatt

Method

Pistachio pudding
Whip the soft butter with sugar, egg yolks and the maraschino until frothy. Mix the finely ground pistachios and crumbled sponge into the butter mixture. Whip the egg whites and sugar until stiff and fold into the pistachio-butter mixture. Fill the mixture into greased and sugar-coated moulds until they are three-quarters full and bake in a bain marie in the oven at 195° C for approx. 30 minutes.

Pistachio mousseline
Whip the cream with the sugar and mix in the remaining ingredients.

Step 1
Spread tempered couverture chocolate to a thickness of 3 mm onto a film strip and leave to set slightly. Run through the couverture chocolate with a comb while it is still soft.

Step 2
Roll the combed film strip with the couverture chocolate – the film on the outside – around an aluminium tube (Ø 3 cm). Leave for five minutes in the deep freezer.

Step 3
Remove the chocolate roll from the aluminium tube and pull off the film. Pull the individual chocolate spirals apart.

Step 4
Attach the individual spirals to the plate with tempered chocolate and freezing spray.

Decoration
Forest strawberries
Shelled pistachios
Sprig of mint

Schokoladenkrem mit Orangenkompott

Drei einfache Rezepte einer Schokoladenkrem, die auf eine simple Art zusammengefaßt wurden.

Chocolate cream with orange compote

Three easy recipes in one chocolate cream, combined in a simple manner.

Schokoladenkrem (weiß)

30 g Butter
3 cl Cointreau
2 cl Wasser
5 Blatt Gelatine
200 g weiße Schokolade
5 dl Sahne

Schokoladenkrem (Milch)

30 g Butter
3 cl Grand Marnier
2 cl Wasser
3,5 Blatt Gelatine
200 g Milchkuvertüre
5 dl Sahne

Schokoladenkrem (dunkel)

30 g Butter
3 cl Cognac
2 cl Wasser
2,5 Blatt Gelatine
200 g Kuvertüre 70/30
5 dl Sahne

Zutaten

Chocolate cream (white)

30 g butter
3 cl Cointreau
2 cl water
5 sheets of gelatine
200 g white chocolate
5 dl cream

Chocolate cream (milk)

30 g butter
3 cl Grand Marnier
2 cl water
3.5 sheets of gelatine
200 g milk couverture chocolate
5 dl cream

Chocolate cream (dark)

30 g butter
3 cl brandy
2 cl water
2 1/2 sheets of gelatine
200 g couverture chocolate 70/30
5 dl cream

Ingredients

Zubereitung

Die drei Rezepturen der folgenden Schokoladenkrems weiß, Milch und dunkel sind in der Zubereitung völlig gleich, lediglich die Gelatinemenge sowie die Sorte des Alkohols und die Schokolade unterscheiden sich. Das Schöne an diesen drei Rezepturen ist, dass die Konsistenz der drei Krems fast identisch ist und dadurch ein perfektes Arbeiten in der Patisserie erlaubt.

Zubereitung

Die Butter auflösen. Die in kaltem Wasser eingeweichte Gelatine gut ausdrücken und den warmen Alkohol und Wasser auflösen und in die Butter einrühren.

Die aufgelöste, flüssige Schokolade oder Kuvertüre mit der Butter-Alkohol-Gelatinemasse glatt rühren und anschließend die geschlagene Sahne unterheben.

Tipp

Man beginnt immer mit der hellsten Schokoladenkrem, denn nach dem Stürzen der Krem ist diese oben und man schneidet später die Krem von oben nach unten. So vermeidet man Schnittspuren der dunkleren Krem.

Method

The preparation method of these three recipes for white, milk and dark chocolate cream is the same, and the only differences are the gelatine quantities and the types of alcohol and chocolate used. The beauty of these three recipes is that the consistencies of the three creams are almost identical and therefore permit perfect patisserie work.

Preparation

Melt the butter, thoroughly squeeze out the gelatine, which has been soaked in cold water, dissolve in the warm alcohol and water and stir into the butter.

Mix the melted, liquid chocolate or couverture chocolate with the butter, alcohol and gelatine mixture until smooth and then fold in the whipped cream.

Our tip

Always start with the lightest chocolate type, as when the dessert is turned out this is at the top, and the cream is later cut from the top to the bottom. This prevents traces of the dark cream in the other layers.

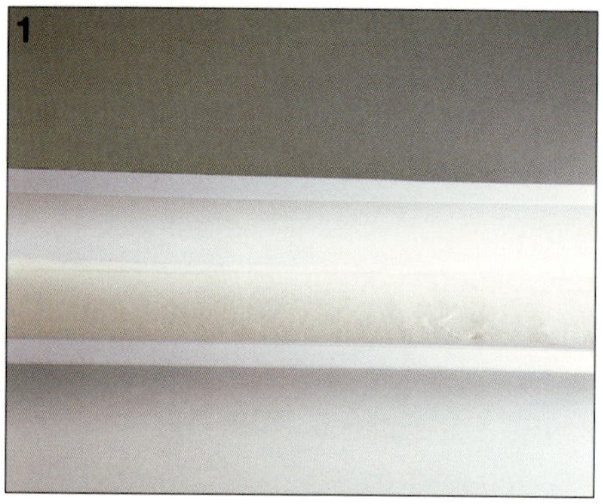

Schritt 1

Eine runde Terrinenform schräg nach vorne kippen und an der Rückseite mit Hilfe von Mürbeteig am Blech befestigen, damit so später die Schrägstellung der Krem entsteht. Die weiße Schokoladenkrem einfüllen.

Schritt 2

Nachdem die erste Krem im Kühlschrank leicht angezogen hat, kann mit der nächsten Schicht weiter gearbeitet werden. Die Terrinenform etwas flacher positionieren und die zweite Krem mit Milchschokolade einfüllen.

Schritt 3

Nachdem die zweite Krem im Kühlschrank leicht angezogen hat, kann mit der letzten Schicht begonnen werden. Die Terrinenform nun gerade auf das Blech stellen und die letzte Kremschicht mit Bitterschokolade einfüllen.

Step 1

Tilt a round tureen mould forwards and secure to the baking sheet with some shortcrust pastry so that the cream layers are at an angle. Fill in the white chocolate cream.

Step 2

When the first cream has slightly set in the refrigerator, continue with the next layer. Position the tureen mould in a slightly more horizontal position and fill in the second cream with milk chocolate..

Step 3

When the second cream has slightly set in the refrigerator, continue with the last layer. Then place the tureen mould flat onto the baking sheet and fill in the last layer of cream with plain chocolate.

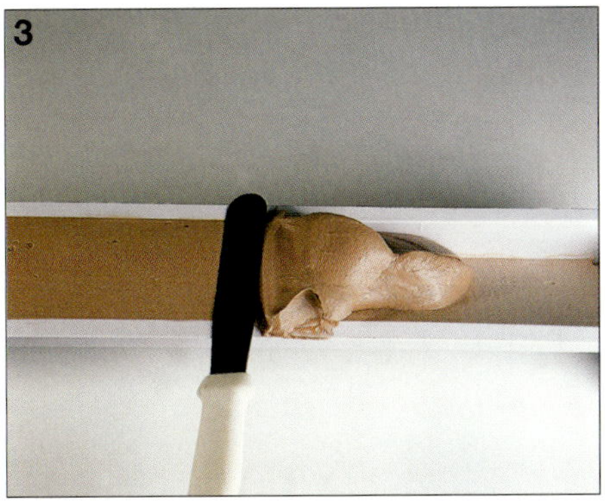

Dekor

Orangenkompott (Rezept siehe Seite 38)
Schokoladenspäne
Zwei gefärbte Schokoladenstäbchen

Decoration

Orange compote (refer to page 39)
Chocolate shavings
Two coloured chocolate rods

Schokoladenkrem mit Chilisoße und kandierten, japanischen Orangen

Bereits die Azteken verwendeten Chili als Gewürz in ihrem angerührten Schokoladenbrei, genannt „CHOCOLATL“. Diese Kombination von Schokolade und Chili mag ungewöhnlich anmuten, ist aber sehr schmackhaft.

Chocolate cream with chilli sauce and candied Japanese oranges

The Aztecs already used chilli as a spice in their mixed chocolate paste, which they called “CHOCOLATL”. This combination of chilli and chocolate may sound somewhat unusual; it is, however, very tasty.

Schokoladengelee

1 dl Wasser
4 cl Crème de Cacao
20 g Kakaopulver
30 g Zucker
3,5 Blatt Gelatine

Chilisoße

1,25 dl Wasser
3 Chilischoten
1,25 dl Milch
10 g Kakaopulver
30 g Glucose
400 g Kuvertüre 70 / 30

Kandierte Babyorangen

500 g Zucker
2,5 dl Wasser
36 g Glucose
8 –10 Babyorangen

Zutaten

1

2

3

4

Chocolate jelly

1 dl water
4 cl Crème de Cacao
20 g cocoa powder
30 g sugar
3.5 sheets of gelatine

Chilli sauce

1.25 dl water
3 chillies
1.25 dl milk
10 g cocoa powder
30 g glucose
400 g couverture chocolate 70/30

Candied baby oranges

500 g sugar
2.5 dl water
36 g glucose
8 –10 baby oranges

Ingredients

Zubereitung

Das Wasser mit Crème de Cacao, Kakaopulver und Zucker kurz aufkochen, darin die in Wasser eingeweichte Gelatine auflösen und abkühlen.

Schritt 1
Eine Plastikfolie auf eine gefettete Platte spannen und mit Aluminiumstäben umranden. Die Ecken eventuell abdichten und das Gelee 3 – 4 mm dick eingießen.

Schritt 2
Das angezogene Gelee zurecht schneiden und mit der Folie nach außen in eine passende Form legen und die Ränder abschneiden.

Schokoladenkrem
Rezept, siehe Seite 232

Schritt 3
Die Schokoladenkrem aus Milch und dunkler Schokolade mit einer runden Lochtülle aufspritzen und angefrieren.

Schritt 4
Die angefrorenen Schokoladenkrems schichtweise in die weiße Schokoladenkrem mit Geleemantel einlegen.

Chilisoße
Das Wasser mit den Chilischoten aufkochen und einige Stunden ziehen lassen. Das Chiliwasser passieren, Milch, Kakaopulver und die Glucose dazu geben und aufkochen. Heiß in die flüssige Kuvertüre einrühren.

Kandierte Babyorangen
Alle Zutaten vermengen und zum Kochen bringen. Bei 106° C kochen und die Babyorangen maximal 2 Minuten mitkochen. Die gesamte Masse mit den Orangen in ein Einweckglas füllen, verschließen und mindestens 3 Monate ziehen lassen.

Dekor
Gezogener Zucker

Method

Bring the water with the Crème de Cacao, cocoa powder and the sugar to the boil, dissolve the gelatine (previously soaked in water) in the mixture and leave to cool.

Step 1
Cover a greased platter with plastic film and place aluminium rods around the outside. If necessary seal off the corners and pour a 3 – 4 mm layer of jelly onto the film.

Step 2
When set, cut the jelly as required and with the film on the outside place into a suitable mould. Cut off the edges.

Chocolate cream
Recipe on page 232

Step 3
Pipe the milk and plain chocolate cream with a round piping tube and freeze.

Step 4
Place the slightly frozen chocolate creams in layers into the white chocolate cream with the jelly coating.

Chilli sauce
Boil the water with the chillies and leave to infuse for several hours. Strain the chilli water, add the milk, cocoa powder and the glucose and bring to the boil. Pour into the melted couverture chocolate while still hot.

Candied baby oranges
Mix all ingredients and bring to the boil. Boil at 106° C and boil the baby oranges in the mixture for up to two minutes. Place the entire mixture with the oranges into a preserving jar, seal and leave to stand for at least three months.

Decoration
Pulled sugar

Schokoladensoufflee mit Tamarillo

Folgendes ist eine meiner Philosophien,
die sich jeder Gast zu eigen machen sollte,
wenn er ein Soufflee bestellt:
„Der Gast hat auf das Soufflee zu warten und
nicht das Soufflee auf den Gast".

Chocolate soufflé with tamarillo

The following is one of my philosophies
which each guest should take to heart
when ordering a soufflé:
"Guests have to wait for the soufflé
and not the other way around."

Schokoladensoufflee

3 dl Milch
20 g Stärke
40 g Mehl
40 g Butter
10 g Kakaopulver
50 g Kuvertüre
6 Eigelbe
6 Eiweiß
120 g Zucker

Kuvertürestücke

Zutaten

Chocolate soufflé

3 dl milk
20 g cornflour
40 g flour
40 g butter
10 g cocoa powder
50 g couverture chocolate
6 egg yolks
6 egg whites
120 g sugar

Couverture sections

Ingredients

Zubereitung

Milch, Stärke, Mehl, Butter und Kakaopulver aufkochen bis sich ein dicker Brei bildet; diesen Brei wie einen Brandteig abrösten.
Das Ganze leicht abkühlen lassen, anschließend die flüssige Kuvertüre unterrühren und nach und nach die Eigelbe einrühren. Eiweiß und Zucker zu Schnee schlagen und unter die Stärkemasse heben.
Das Soufflee bei 190° C ca. 29 Minuten backen.

Schritt 1
Die Förmchen werden mit Butter ausgepinselt und mit Kristallzucker gezuckert.

Schritt 2
Die Förmchen werden zu drei Viertel ihrer Höhe mit der Souffleemasse gefüllt und in ein 1 cm hohes Wasserbad mit Papiertuch gestellt.

Tipp
Durch das Papiertuch blubbert das kochende Wasser beim Backen am Förmchen vorbei und somit bleibt das Förmchen mit der Souffleemasse in Position und das Backwerk wird nicht zusammengeschlagen.

Schritt 3
In die Souffleemasse kann man Schokoladenstückchen eindrücken und mitbacken, dadurch erhält der Gast einen flüssigen Schokoladenkern – eine schöne Überraschung!

Schritt 4
Die fertig gebackenen Soufflees sind nun bereit zum Stürzen.

Dekor
Eine Scheibe Tamarillo, angeklebt auf einem Schokoladenstück.
Ein Punkt püriertes Tamarillomark
Pinselstrich mit temperierter Schokolade

Method

Boil the milk, cornflour, flour, butter and cocoa powder until a thick paste forms; cook this paste in the same way as choux pastry.
Leave the mixture to cool slightly, mix in the melted couverture chocolate and gradually stir in the egg yolks. Whip the egg whites and sugar until stiff and fold into the cornflour mixture.
Bake the soufflé at 190° C for approximately 29 minutes.

Step 1
Brush the moulds with butter and coat with refined sugar.

Step 2
Fill the moulds to three quarters full with the soufflé mixture and place into a 1 cm bain marie with a paper cloth.

Our tip
During baking the boiling water bubbles through the paper cloth past the moulds. The soufflé mould with the mixture then stays in place and the soufflés do not collapse.

Step 3
You can also press pieces of chocolate into the soufflé mixture before baking to produce a melted chocolate centre – a nice surprise for your guests!

Step 4
When baked the soufflés are ready to be turned out.

Decoration
A slice of tamarillo attached to a piece of chocolate
A dot of puréed tamarillo
Painted line of tempered chocolate

Mangotörtchen mit Kokosnusskrem

Der Mangomantel der Krem läßt sich beliebig mit anderen, ähnlichen Früchten herstellen; besonders gut eignen sich dafür Papayas, Melonen oder Erdbeeren.

Mango tarts with coconut cream

The mango coating of the cream can also be made with other, similar fruit; the most suitable are papayas, melons and strawberries.

Zutaten

Kokosnusskrem

120 g Kokosmark ohne Zucker
120 g Crème double
60 g Puderzucker
3,5 Blatt Gelatine
1 cl Baccardi
2,4 dl Sahne

Weingelee

2,5 dl süßer Weißwein
150 g Zucker
1/2 Zitrone / Saft
4,5 Blatt Gelatine

Zubereitung

Kokosnusskrem
Das Kokosmark mit der Crème double und dem Puderzucker glatt rühren. Die eingeweichte Gelatine in Baccardi warm auflösen und unter die Kokosmasse ziehen. Die geschlagene Sahne unter die Masse heben.

Weingelee
Weißwein, Zucker und Zitronensaft kurz aufkochen. Die eingeweichte Gelatine darin auflösen und abkühlen lassen.

Ingredients

Coconut cream

120 g coconut purée without sugar
120 g double cream
60 g icing sugar
3.5 sheets of gelatine
1 cl Baccardi
2.4 dl cream

Wine jelly

2.5 dl sweet white wine
150 g sugar
1/2 lemon / juice
4.5 sheets of gelatine

Method

Coconut cream
Mix the coconut purée with the double cream and the icing sugar until smooth. Dissolve the soaked gelatine in the Baccardi and fold into the coconut mixture. Fold the whipped cream into the mixture.

Wine jelly
Briefly boil the white wine, sugar and lemon juice. Dissolve the soaked gelatine in this mixture and leave to cool.

Schritt 1
Ein 4 cm breites Plastikfolienband zwischen Aluminiumstäben legen. Auf das Folienband die in kleine Würfel geschnittenen Mangostückchen verteilen und mit dem Gelee übergießen und anziehen lassen.

Schritt 2
Das angezogene Gelee mit den Mangostückchen in die richtige Länge schneiden und mit der Folienseite nach außen in einen Ring einsetzen.
Als Boden dient ein dünnes, beliebiges Biskuit. Anschließend die Kokoskrem in diesen Geleemantel einfüllen. Einen Teil zum Zusammensetzen für die getrockneten Ananasscheiben aufbewahren.

Schritt 3
Eine Babyananas schälen und danach mit einer Aufschnittmaschine in dünne Ananasscheiben schneiden. Die Ananasscheiben in heißen Zuckersud (1:1 mit Wasser) tauchen und auf einer Backmatte anschließend bei ca. 60° C trocknen. Diesen Vorgang kann man nach 3 – 4 Stunden wiederholen. Für schön knusprige Ananaschips beträgt die Gesamttrocknungszeit ca. 7 – 8 Stunden.

Dekor
Himbeersoße · Pistazienkerne · Mit Kuvertüre gespritzte Schokoladenpalme

Step 1
Place a plastic film strip with a width of 4 cm between aluminium rods. Scatter small cubes of mango over the strip, pour the jelly over these and leave to set.

Step 2
Cut the set jelly with the mango pieces to the correct length and place into a ring with the film side facing outwards.
Any thin sponge can be used as a base. Then fill the coconut cream into the jelly coating. Keep a piece for assembling for the dried pineapple slices.

Step 3
Peel a baby pineapple and cut into thin slices with a slicer. Dip the pineapple slices into a hot sugar solution (1:1 with water) and dry these on a baking mat at approximately 60° C. This can be repeated after 3 – 4 hours. To make really crispy pineapple crisps the entire drying time is roughly 7 – 8 hours.

Decoration
Raspberry sauce · Shelled pistachios · Chocolate palm piped with couverture chocolate

Birnenparfait mit Balsamikokirschen

Parfait oder Halbgefrorenes – der Name kommt daher, dass man früher ein Parfait vor dem Servieren in den Kühlschrank stellte, um es leicht antauen zu lassen.

Pear parfait with balsamico cherries

Parfait or "semi-frozen" – this name originated from the fact that a parfait used to be placed in the refrigerator before serving so that it was slightly defrosted.

Birnenparfait

1,5 dl Milch
1 Birne
90 g Zucker
3 Eigelbe
1/2 Vanilleschote
1 cl Williams
2,2 dl Sahne
5 g Schokoladenspäne

Balsamikokirschen Ragout

250 g entsteinte Kirschen
50 g Zucker
1 dl Balsamiko
1/2 Zimtstange
1/2 Vanilleschote
20 g Honig
2 dl Rotwein
12 g Stärke

Zutaten

Pear parfait

1.5 dl milk
1 pear
90 g sugar
3 egg yolks
1/2 vanilla pod
1 cl pear brandy
2.2 dl cream
5 g chocolate shavings

Balsamico cherry ragout

250 g stoned cherries
50 g sugar
1 dl balsamico vinegar
1/2 stick of cinnamon
1/2 vanilla pod
20 g honey
2 dl red wine
12 g cornflour

Ingredients

Zubereitung

Schritt 1
Die Birne schälen und raffeln, die Milch dazu gießen und kurz aufkochen, bis die Birne weich ist; mindestens 10 Minuten ziehen lassen. Die Milch passieren und die weichen Birnenraspel zur Seite legen.

Schritt 2
Eigelbe und Zucker in die Milch einrühren und das Ganze zur Rose abziehen (auf 85° C erhitzen). Die Masse passieren, abkühlen lassen und die kalten, gekochten Birnenraspel unterrühren.

Schritt 3
Die restlichen Zutaten, Williams, geschlagene Sahne und Schokoladenspäne nacheinander einrühren.

Schritt 4
Die Parfaitmasse in eine Silikonform füllen und tiefgefrieren.

Balsamiko-Kirschen Ragout
Die Kirschen waschen und entsteinen. Den Zucker hellbraun karamellisieren und mit den Gewürzen und dem Balsamikoessig ablöschen. Den Honig beigeben und weiter kochen. Die Stärke mit Rotwein anrühren und damit den Karamell-Essigfond abbinden. Die Kirschen dazu geben und das Ganze 2 – 3 Minuten weiter kochen, bis der Saft und die Kirschen einen schönen Glanz erhalten haben.

Dekor
Birnenfächer: Von einer halben Birne 1 Millimeter dünne Scheiben schneiden und diese in der Art eines Fächers anrichten.
Schokoladenstäbchen · Pfefferminzblatt
Karamellisierte Walnuss

Method

Step 1
Peel and grate the pear, add the milk and boil briefly until the pear is soft; leave to infuse for at least 10 minutes. Strain the milk and put the soft grated pear to one side.

Step 2
Add the egg yolks and sugar to the milk and heat until the mixture reaches the nappe stage (85° C). Strain the mixture, leave to cool and fold in the cold, cooked grated pear.

Step 3
Mix in the remaining ingredients, liqueur, whipped cream and the chocolate shavings one after another.

Step 4
Fill the parfait mixture into a silicone mould and deep freeze.

Balsamico cherry ragout
Wash and stone the cherries. Caramelise the sugar until it is light brown and add the flavourings and the balsamico vinegar. Add the honey and continue to boil. Mix the cornflour with the red wine and use this mixture to thicken the caramel vinegar liquid. Add the cherries and continue to boil for 2 – 3 minutes until the juice and the cherries are nice and glossy.

Decoration
Pear fans: Cut thin slices with a thickness of 1 mm from half a pear and arrange in the shape of a fan.
Chocolate rods
Sprig of mint
Caramelised walnut

Grießmousse im Schokoladenkörbchen

Dieses Schokoladenkörbchen wurde von mir 1985 im Hotel Palace Gstaad für das Buch „Highlight" von Eckart Witzigmann kreiert – ein fantasievoller Schokoladendekor, der bis heute Bestand hat.

Semolina mousse in a chocolate basket

I created this chocolate basket in 1985 in the Palace Gstaad hotel for the "Highlight" book of Eckart Witzigmann – an imaginative chocolate decoration which is still popular today.

Grießmousse

2,5dl Milch
60 g Zucker
30 g Butter
30 g Hartweizengrieß
2 Blatt Gelatine
1 cl Cointreau
300 dl Sahne

Reisgalette

3 dl Milch
3 dl Wasser
20 g Zucker
50 g Reis
1/2 Vanilleschote
etwas Orangenschale
2 Eigelbe
2 Eiweiß
20 g Zucker

Gedünstete Blaubeeren

250 g Blaubeeren
5 ml Gin
50 g Glucose

Zutaten

1

2

3

Semolina mousse

2.5 dl milk
60 g sugar
30 g butter
30 g semolina
2 sheets of gelatine
1 cl Cointreau
300 dl cream

Rice tart

3 dl milk
3 dl water
20 g sugar
50 g rice
1/2 vanilla pod
some orange zest
2 egg yolks
2 egg whites
20 g sugar

Stewed blueberries

250 g blueberries
5 ml gin
50 g glucose

Ingredients

Zubereitung

Grießmousse
Schritt 1
Die Milch mit Butter, Zucker und dem Grieß zu einem Grießbrei kochen.

Schritt 2
Die eingeweichte Gelatine und den Alkohol In die noch warme Grießmasse einrühren und auflösen.

Schritt 3
Die geschlagene Sahne unter die Grießmasse ziehen.

Reisgalette
Die Milch mit Wasser, Zucker, Reis und Gewürzen weich kochen. Auf jeden Fall so lange einkochen, bis die gesamte Flüssigkeit verkocht ist.
Das Ganze leicht abkühlen lassen und die Eigelbe unterrühren. Das Eiweiß mit dem restlichen Zucker zu Schnee schlagen und unter die Reismasse ziehen. Die Masse in einer gefetteten Pfanne in gefetteten Ringen (Ø 4 cm) im Backofen bei 180° C zu kleinen Galettes backen.

Gedünstete Blaubeeren
Die Blaubeeren mit Gin und Glucose kurz dünsten, bis sich die Farbe der Beeren löst. Warm servieren.

Dekor
Schokoladenkörbchen (siehe Seite 18)
Schokoladenstäbchen (siehe Seite 20)
Puderzucker
Pferfferminzblatt

Method

Semolina mousse
Step 1
Boil the milk with the butter, sugar and the semolina to a porridge-like mixture.

Step 2
Stir the soaked gelatine and the alcohol into the semolina mixture while still warm and dissolve.

Step 3
Fold the whipped cream into the semolina mixture.

Rice tart
Cook the rice with the milk, water, sugar and flavourings until soft. Cook until all the liquid has been absorbed.
Leave to cool slightly and then mix in the egg yolks. Whip the egg whites with the remaining sugar until stiff and fold into the rice mixture. Bake the mixture in a greased pan in greased rings (Ø 4 cm) in the oven at 180° C to make small tarts.

Stewed blueberries
Stew the blueberries with gin and glucose for a short time until the colour is released from the berries. Serve hot.

Decoration
Chocolate basket (refer to page 19)
Chocolate rods (refer to page 21)
Icing sugar
Sprig of mint

Erdnussbuttermousse in Schokoladenblätter mit Karamelleis

In vielen Ländern liefert die Erdnussbutter einen wichtigen Beitrag zur täglichen Grundversorgung; darüber hinaus ist sie geschmacklich wunderbar für die Zubereitung interessanter Desserts geeignet.

Peanut butter mousse in chocolate leaves with caramel ice-cream

In many countries peanut butter is an important daily base food – its taste is also very suitable for preparing interesting desserts.

Erdnussbuttermousse

200 g Erdnussbutter
6 cl Cognac
6 cl Wasser
4 Blatt Gelatine
200 g weiße Schokolade
5 dl Sahne
100 g Erdnusskrokant

Karamelleis

200 g Zucker
1 dl Wasser
4 dl Milch
5 Eigelbe
1 cl Rum

Erdnusskrokant

500 g Zucker
1,5 dl Wasser
200 g Glucose
350 g Erdnüsse (ohne Salz)

Zutaten

Peanut butter mousse

200 g peanut butter
6 cl brandy
6 cl water
4 sheets of gelatine
200 g white chocolate
5 dl cream
100 g peanut cracknel

Caramel ice-cream

200 g sugar
1 dl water
4 dl milk
5 egg yolks
1 cl rum

Peanut cracknel

500 g sugar
1.5 dl water
200 g glucose
350 g peanuts (unsalted)

Ingredients

Zubereitung

Erdnussbuttermousse
Die Erdnussbutter leicht erwärmen. Die eingeweichte Gelatine in Cognac und Wasser auflösen und unter die Erdnussbutter rühren. Die flüssige weiße Schokolade dazu rühren und danach die geschlagene Sahne mit dem fein gehackten Krokant unterheben.

Karamelleis
Den Zucker hell karamellisieren und mit dem heißen Wasser vorsichtig ablöschen. Die restlichen Zutaten beigeben und zur Rose abziehen (auf 85° C erhitzen). Anschließend die Masse passieren, abkühlen und in der Eismaschine gefrieren.

Schritt 1
Den Zucker mit Wasser und Glucose zum Kochen bringen und so lange kochen, bis er sich hellbraun färbt. Die gehackten Erdnüsse in den heißen Zucker einrühren und sofort auf eine Backmatte gießen.

Schritt 2
Den heißen Krokant zwischen zwei Backmatten auf 2 mm Dicke ausrollen. Sollte der Krokant dabei etwas abkühlen, so kann man ihn im Backofen bei 180° C immer wieder kurz erwärmen. Mit einem geölten Messer aus dem warmen Krokant Dreiecke schneiden.

Schritt 3
Die kalten Krokantteile mit flüssigem und heißem Karamell zusammensetzen.

Dekor
Dünne Schokoladenblätter (siehe Seite 18)
Schokoladenstäbchen (siehe Seite 20)
In Schokolade und Kakao gerollte Erdnusskerne
Passionsfruchtsoße: Passionsfruchtsaft mit Stärke und etwas Zucker leicht abgebunden.

Method

Peanut butter mousse
Slightly heat the peanut butter. Dissolve the soaked gelatine in the brandy and water and stir into the peanut butter. Add the melted white chocolate and then fold in the whipped cream with the finely chopped cracknel.

Caramel ice-cream
Caramelise the sugar until light and carefully add the hot water. Stir in the remaining ingredients and heat until the mixture reaches the nappe stage (85° C). Then strain the mixture, leave to cool and freeze in the ice-cream maker.

Step 1
Boil the sugar with the water and glucose until it turns light brown. Mix the chopped peanuts into the hot sugar and immediately pour the mixture onto a baking mat.

Step 2
Roll the hot cracknel between two baking mats to a thickness of 2 mm. If the cracknel should cool down, it can be quickly reheated by placing it into the oven at 180° C. Using a greased knife cut triangles from the warm cracknel.

Step 3
Assemble the cold cracknel sections with liquid, hot caramel.

Decoration
Thin chocolate leaves (refer to page 19)
Chocolate rods (refer to page 21)
Peanuts rolled in chocolate and cocoa
Passion fruit sauce: Passion fruit juice thickened slightly with cornflour and a small amount of sugar.

Zubereitungszeit / Preparation time: 70 Min. 8 Personen / Serves 8

Maronenkrem mit Holunderschaum und Steinpilzeis

Dies ist eine herbstliche Dessertvariation, die nach dem Sammeln der Steinpilze ganz besonders munden wird.

Sweet chestnut cream with elderberry foam and penny-bun ice-cream

This is an autumn dessert variation which is especially delicious after gathering penny-bun mushrooms.

Holunderschaum

80 g Holunderbeeren
2 cl Zitronensaft
1 cl Cointreau
1 cl Rum
1/2 Blatt Gelatine
45 g Zucker

Zutaten

Steinpilzeis

3 dl Milch
20 g Steinpilze getrocknet
3 dl Sahne
140 g Zucker
2 Eier
2 Eigelbe

Pfannkuchenteig

100 g Mehl
3 Eier
30 g Puderzucker
1 Prise Salz
15 g Butter
2,5 dl Milch

Maronenkrem

2 dl Milch
80 g Maronenpüree
40 g Zucker
3 Eigelbe
2 Blatt Gelatine
2 dl Sahne

Ganache

1 dl Milch
40 g Glukose
25 g Kakaopulver
240 g Bitterkuvertüre
25 g Crème fraîche
65 g Butter

Elderberry foam

80 g elderberries
2 cl lemon juice
1 cl Cointreau
1 cl rum
1/2 sheet of gelatine
45 g sugar

Penny-bun ice-cream

3 dl milk
20 g dried penny-bun mushrooms
3 dl cream
140 g sugar
2 eggs
2 egg yolks

Ingredients

Pancake batter

100 g flour
3 eggs
30 g icing sugar
1 pinch of salt
15 g butter
2.5 dl milk

Sweet chestnut cream

2 dl milk
80 g chestnut purée
40 g sugar
3 egg yolks
2 sheets of gelatine
2 dl cream

Canache

1 dl milk
40 g glucose
25 g cocoa powder
240 g bitter couverture chocolate
25 g crème fraîche
65 g butter

Zubereitung

Holunderschaum

Holunderbeeren mit Zironensaft, Cointreau und Rum kurz aufkochen und die Masse kurz mixen (nicht passieren). Die eingeweichte Gelatine auflösen und in die noch warme Holundermasse einrühren und kalt rühren.

Eiweiß und Zucker auf 80° C erhitzen, zu Schnee schlagen und unter die Holundermasse ziehen.

Steinpilzeis

Die Steinpilze in kleine Würfel schneiden und zwei Drittel davon in der Milch über Nacht einlegen und im Kühlschrank ziehen lassen. Am nächsten Tag alle weiteren Zutaten beigeben und das Ganze im Wasserbad zur Rose abziehen (auf 85° C erhitzen) und die Masse passieren. Das restliche Drittel der klein geschnittenen Steinpilzwürfel dazu rühren und in der Eismaschine gefrieren.

Pfannkuchenteig

Mehl und Eier glatt rühren. Puderzucker, Salz und flüssige Butter dazugeben und ebenfalls glatt rühren. Erst jetzt die Milch dazu rühren und die gesamte Masse passieren. Bis zur Weiterverarbeitung sollte der Teig 1 Stunde im Kühlschrank ruhen.

➢ ➢ ➢ ➢ ➢ ➢ ➢ ➢

Method

Elderberry foam

Bring the elderberries with the lemon juice, Cointreau and rum to the boil and mix briefly (do not strain). Dissolve the soaked gelatine, add to the elderberry mixture when still warm and stir until cold.

Heat the egg white and sugar to 80° C, whip until stiff and carefully stir into the elderberry mixture.

Penny-bun ice-cream

Chop the mushrooms finely, leave two thirds to soak in the milk overnight in the refrigerator. The next day add all other ingredients and heat the mixture in a bain marie until it reaches the nappe stage (85° C) and then strain. Add the remaining third of the finely chopped mushrooms and freeze in the ice-cream maker.

Pancake batter

Mix the flour and eggs until smooth. Add the icing sugar, salt and melted butter and also mix until smooth. Then add the milk and strain the entire mixture. Before using the batter it should be left to stand in the refrigerator for one hour.

➢ ➢ ➢ ➢ ➢ ➢ ➢ ➢

1

2

Maronenkrem

Maronenpüree, Zucker und Eigelbe verrühren, die heiße Milch dazu leeren und das Ganze zur Rose abziehen (auf 85° C erhitzen). Die Masse passieren und die eingeweichte Gelatine darin auflösen und abkühlen. Die geschlagene Sahne erst in die fast kalte und leicht anziehende Masse einrühren.

Ganache

Die Milch mit Glucose und Kakaopulver kurz aufkochen, die flüssige Kuvertüre dazu rühren und anschließend Crème fraîche und weiche Butter einrühren.

Tipp

Das Ganache sollte zuerst einmal anziehen und danach sollte es für die Weiterverarbeitung wieder erwärmt werden. Dadurch erzielt man eine bessere Viskosität.

Sweet chestnut cream

Mix the chestnut purée, sugar and egg yolks, add the hot milk and heat until the mixture reaches the nappe stage (85° C). Strain the mixture, dissolve the soaked gelatine in this and leave to cool. Only add the whipped cream when the mixture is almost cold and slightly set.

Canache

Bring the milk, glucose and cocoa powder to the boil, add the melted couverture, then the crème fraîche and soft butter.

Our tip

First let the canache set and then reheat for subsequent processing. This will improve the viscosity.

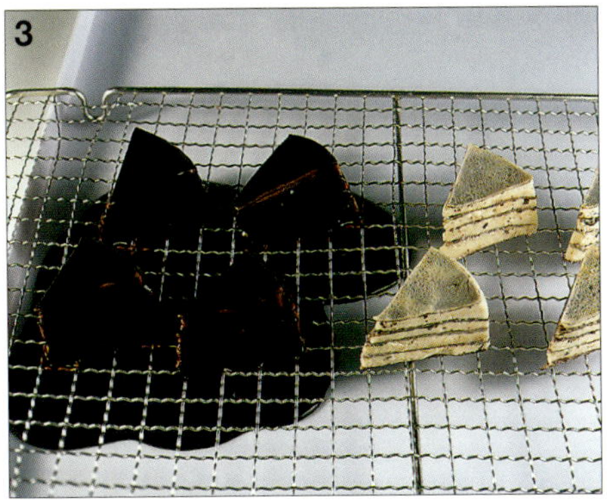

Schritt 1
Kleine Pfannkuchen goldbraun backen, passend ausstechen und beidseitig mit temperierter Kuvertüre sehr dünn bestreichen.

Schritt 2
Jeweils 5 mm die Krem schichtweise mit den Crepes in eine Kokotte einsetzen.

Schritt 3
Die geschnittenen Maronenkremstücke mit dem flüssigen Ganache überziehen.

Dekor
Karamellisierte Marone: Marone in leicht abgekühltem, jedoch noch heißem Karamell drehen, aufhängen und abkühlen lassen.
Merinquedekor: (siehe Seite 36)
Getrocknete Steinpilze

Step 1
Fry the small pancakes until golden-brown, cut out as required and very thinly coat on both sides with tempered couverture chocolate.

Step 2
Place the cream in layers of 5 mm with the crêpes in a cocotte.

Step 3
Coat the cut sweet chestnut cream pieces with the liquid canache.

Decoration
Caramelised sweet chestnut: Dip the sweet chestnut into slightly cooled, but still hot caramel, hang up and leave to cool.
Meringue decoration: (refer to page 37)
Dried penny-bun mushrooms

Zubereitungszeit / Preparation time: 60 Min. 4 Personen / Serves 4

Pochierte Rotweinbirne mit Pralinen-Crème brûlée und Weißweinschaum

Rund geschälte, pochierte Rotweinbirnen – ein beliebtes Dessert – allerdings von der Ästhetik her nicht besonders schön anzusehen. Eine tournierte Birne, im Gegensatz, sieht wesentlich eleganter aus.

Poached pear in red wine with praline crème brûlée and white wine foam

Pears which have been pealed to a round shape and poached in red wine – a popular dessert which is, however, not very appealing to look at. In contrast a shaped pear looks much more elegant.

Pralinen-Crème brûlée

2,0 dl Milch
2,5 dl Sahne
80 g Nugat hell
20 g Milchkuvertüre
2 cl Cointreau
3 cl Rum
3 Eier

Rotweinbirnenmarinade

7,5 dl kräftiger Rotwein
60 g Zucker
60 g Honig
1 Vanilleschote
2 Gewürznelken
1 Zimtstange

Zutaten

1

2

Praline crème brûlée

2.0 dl milk
2.5 dl cream
80 g light nougat
20 g milk couverture chocolate
2 cl Cointreau
3 cl rum
3 eggs

Red wine pear marinade

7.5 dl rich red wine
60 g sugar
60 g honey
1 vanilla pod
2 cloves
1 stick of cinnamon

Ingredients

Zubereitung

Pralinen-Crème brûlée
Milch und Sahne leicht erwärmen und darin den Nugat und die Schokolade auflösen. Alle weiteren Zutaten beigeben, die Masse passieren und im Asiatischen-Suppenlöffel bei 140° C im Ofen pochieren.

Schritt 1
Die Birne mit einem scharfen Messer schön tournieren (kantig schneiden). Mit einem Parisiennelöffel die Birne innen aushöhlen.

Schritt 2
Alle Zutaten der Rotweinbirnenmarinade einmal gut durchkochen lassen. Anschließend die Birnen dazu geben und weich kochen. Die weichen Birnen aus dem Rotweinsud nehmen und in Eiswasser abkühlen, damit sie nicht mehr nachziehen. Danach läßt man die Birnen im kalten Sud noch einmal zwei Tage lang ziehen.

Dekor
Marsalasabayon (siehe Seite 66)
Schokoladendekor
Zum Füllen der Birne ein beliebiges Eis oder Mousse verwenden.

Method

Praline crème brûlée
Heat the milk and cream slightly and then dissolve the nougat and the chocolate in the mixture. Add all other ingredients, strain the mixture and poach in the oven at 140° C in an Asian soup spoon.

Step 1
With a sharp knife cut the pear so that it has a number of straight sides. Scrape out the inside of the pear with a Parisienne spoon.

Step 2
Boil all the ingredients for the red wine pear marinade thoroughly. Then add the pears and stew until soft. Remove the soft pears from the red wine mixture and cool in iced water so that they do not continue cooking. Then leave the pears to soak in the cold marinade for another two days.

Decoration
Marsala sabayon (refer to page 67)
Chocolate decoration
Use any ice-cream or mousse to fill the pear.

Frische Früchte – mariniert aus der Zuckerkruste

Dieses Dessert gehört zu den aufwändigsten, aber auch raffiniertesten Desserts, die Sie in diesem Buch finden werden. Entstanden ist es durch die Abwandlung einer Praline, nämlich der Krustenpraline.

Fresh fruit – marinated from a sugar crust

This dessert is one of the most work-intensive but also the most stylish in this book. It was created on the basis of a praline – the sugar crust praline.

Zuckersud

500 g Zucker
2 dl Wasser
1 dl Grand Marnier

Zutaten

Zubereitung

Schritt 1

Um diese Zuckerkruste herzustellen, benötigt man Puderkästen (Stärkekasten) aus Holz mit einer Höhe von mindestens 5 cm und einem Stärkegemisch. Dieses Stärkegemisch besteht aus einem Drittel Maisstärke und zwei Drittel Weizenstärke. Die Stärke muss mindestens acht Stunden bei ca. 80° C getrocknet werden. Die sehr trockene Stärke mit einem Schneebesen im Puderkasten auflockern und glattstreichen. In die glattgestrichene Stärke die rechteckige Form (1,5 cm breit und 15 cm lang) eindrücken. Vorsicht: die Kanten dürfen nicht einfallen.

Sugar syrup

500 g sugar
2 dl water
1 dl Grand Marnier

Ingredients

Method

Step 1

To make this sugar crust you will require wooden starch boxes with a depth of at least 5 cm and a cornflour mixture. This cornflour mixture comprises one third maize starch and two thirds wheat starch. The starch must be dried for at least eight hours at approx. 80° C. Loosen the very dry starch with a whisk in the mould and smooth the top. Press the oblong mould (1.5 cm wide and 15 cm long) into the smoothed starch. Take care that the edges do not collapse.

Schritt 2

Den Zucker mit Wasser auf 36° Be (104° C) kochen. (Mit der Zuckerwaage prüfen!) Danach den Grand Marnier dazu geben; die Zuckerwaage muß dabei auf 32° Be absinken. (Abermaliges Prüfen mit der Zuckerwaage.)

Schritt 3

Den heißen Zuckersud vorsichtig in die Stärkeform einfüllen. Danach muß diese Oberfläche 3 – 4 mm dick mit ebenfalls sehr trockener Stärkemischung zugesiebt werden. Das Ganze sollte in einem trockenen Raum ca. 12 Stunden kristallisieren.

Schritt 4

Die fertig kristallisierten Zuckerstücke nach dem Kristallisieren vorsichtig aus dem Puderkasten nehmen und mit einem Pinsel entstauben (entpudern).

Achtung: hohe Bruchgefahr!

Schritt 5

So könnte das Zuckerstück aussehen, wenn es der Gast mit Hilfe eines Löffels aufgeschlagen hat. Die innere Flüssigkeit läuft als Marinade über die Früchte.

Dekor

Erdbeereis (siehe Seite 164)
Diverse, geschnittene Früchte
Auf Kuvertüreteile aufgeklebte Beeren, die dann über die Zuckerkruste gesetzt werden.
Schokoladenstäbchen
In Zucker gekochte Limettenschalen

Step 2

Heat the sugar with the water to 36° Be (104° C). (Check with the syrup scale!) Then add the Grand Marnier – the syrup scale must drop to 32° Be. (Check again with the syrup scale).

Step 3

Carefully pour the hot sugar syrup into the cornflour mould. Then dust the surface with a 3 – 4 mm thick layer of this very dry starch. This must then crystallise in a dry room for approximately 12 hours.

Step 4

When crystallisation has finished, carefully remove the sugar pieces from the starch box and dust off the starch with a brush.

Caution: Extremely fragile!

Step 5

This is how the sugar piece could look when the guest cracks it open with a spoon. The inside liquid runs over the fruit as a marinade.

Decoration

Strawberry ice-cream (refer to page 164)
Various fruit slices
Berries attached to couverture sections which are then placed over the sugar crust.
Chocolate rods
Lime zest cooked in sugar

Kaiserschmarrn mit Zwetschgenröster

Hier handelt es sich um eine Spezialität aus dem Salzkammergut, die zu Ehren des österreichischen Kaisers „Franz Josef“ kreiert wurde – serviert mit frischen Zwetschgenröster. Die Zwetschge ist eine Unterart der Pflaume, die speziell in den Alpenregionen beheimatet ist.

Kaiserschmarrn with Zwetschgenröster (plum compote)

This is a speciality of the Salzkammergut region of Austria, created in honour of the Austrian emperor Franz Josef. Served with fresh Zwetschge compote – a type of plum which grows in the Alpine regions.

Zwetschgenröster

1 kg Zwetschgen
100 g Zucker
5 cl österreichischer Rum
1/2 Vanilleschote
1/2 Zimtstange

Kaiserschmarrn

150 g Mehl
4 Eigelbe
10 g Butter
7 cl Milch
4 Eiweiß

30 g Rosinen
3 cl österreichischer Rum
Zucker und Butter zum Karamellisieren

Zutaten

1

2

3

Zwetschgenröster (plum sauce)

1 kg plums
100 g sugar
5 cl Austrian rum
1/2 vanilla pod
1/2 stick of cinnamon

Kaiserschmarrn

150 g flour
4 egg yolks
10 g butter
7 cl milk
4 egg whites

30 g raisins
3 cl Austrian rum
Sugar and butter for caramelising

Ingredients

Zubereitung

Zwetschgenröster
Die Zwetschgen waschen, halbieren und entsteinen. Die restlichen Zutaten und die Gewürze zugeben und bei sehr leichter Hitze einkochen, bis ein dicker Brei entsteht.

Tipp
Vor dem Servieren des Zwetschgenrösters noch mit etwas Zwetschgenschnaps verfeinern.

Kaiserschmarrn
Mehl und Eigelbe glatt rühren, flüssige Butter und Milch einrühren. Eiweiß und Zucker zu Schnee schlagen und unter die Teigmasse ziehen.

Schritt 1
Die kremige Masse in die sehr heiße Pfanne 3 cm hoch einlaufen lassen, nochmals kurz auf die Gasflamme stellen und danach 4 – 5 Minuten in den Backofen bei ca. 220° C schieben. Dadurch geht der Kaiserschmarrn besser auf.

Schritt 2
Den Kaiserschmarrn halbieren und umdrehen und wieder auf die Gasflamme stellen. Immer wieder Butter und Zucker beigeben, damit er nicht kleben bleibt und damit sich eine schöne Karamell-Zuckerkruste bildet.

Schritt 3
Den beidseitig goldbraun gebackenen Kaiserschmarrn, in Würfel schneiden, die in Rum eingelegten Rosinen mit dem Rum beigeben und immer wieder Butter und Zucker wie bei Schritt 2 zugeben.

Dekor
Puderzucker

Method

Zwetschgenröster (plum sauce)
Wash, halve and stone the plums. Add the remaining ingredients and the spices and stew over a very low heat until a thick sauce is formed.

Our tip
Before serving the Zwetschgenröster, add a dash of plum schnapps to round off the flavour.

Kaiserschmarrn
Mix the flour and egg yolks until smooth, add the melted butter and milk. Whip the egg whites and sugar until stiff and fold into the batter mixture.

Step 1
Pour the creamy mixture to a depth of 3 cm into a very hot frying pan, place briefly on the gas ring once more and then bake in the oven for around 4 – 5 minutes at 220° C. The Kaiserschmarrn then rises better.

Step 2
Halve the Kaiserschmarrn, turn and place onto the gas ring once more. Keep adding butter and sugar so that it does not stick and a caramel sugar crust forms.

Step 3
When golden-brown on both sides, cut the Kaiserschmarrn into squares, add the raisins in rum and keep adding butter and sugar as in step 2.

Decoration
Icing sugar

Honigmousse mit glasierten Datteln, Birnenrösti und Williamssorbet

Ein Mousse auf Schokoladenbasis,
aber ganz ohne Eier – ein Trend mit Zukunft.

Honey mousse with glazed dates, pear roesti and pear sorbet

A mousse on a chocolate basis
but without eggs – a trend of the future.

Zutaten

Honigmousse

30 g Butter
90 g Honig
4 cl Honiglikör
3 Blatt Gelatine
150 g weiße Schokolade
5 dl Sahne

Glasierte Datteln

8 Datteln
50 g Honig
3 cl Weißwein
2 cl Cognac

Birnenrösti

1 Birne
25 g Honig
1 Eigelb
10 g Grieß

Williamssorbet

1 Birne
3 dl Wasser
3 dl Weißwein
50 g Glucose
40 g Zucker
4 cl Williams

Ingredients

Honey mousse

30 g butter
90 g honey
4 cl honey liqueur
3 sheets of gelatine
150 g white chocolate
5 dl cream

Glazed dates

8 dates
50 g honey
3 cl white wine
2 cl brandy

Pear roesti

1 pear
25 g honey
1 egg yolk
10 g semolina

Pear sorbet

1 pear
3 dl water
3 dl white wine
50 g glucose
40 g sugar
4 cl pear brandy

Zubereitung

Honigmousse
Die flüssige Butter mit Honig, Honiglikör und der eingeweichten Gelatine warm auflösen. Die flüssige Schokolade einrühren und mit einem Viertel der geschlagenen Sahne glatt rühren und erst dann die restliche Sahne unterheben.

Glasierte Datteln
Frische Datteln waschen und entsteinen. Die halben Datteln mit den anderen Zutaten in einer Pfanne einkochen bis eine leicht dickliche Soße entsteht. Das Ganze warm anrichten und servieren.

Method

Honey mousse
Dissolve the soaked gelatine in the melted butter with the honey and the honey liqueur over a low heat. Mix in the melted chocolate and one quarter of the whipped cream until smooth and then fold in the remaining cream.

Glazed dates
Wash the fresh dates and remove the stones. Cook the halved dates with the other ingredients in a pan until a slightly thickened sauce is formed. Arrange on a plate and serve while still hot.

Birnenrösti

Die Birne schälen, entkernen und mit einer groben Raffel raffeln. Den Saft der Birne gut auspressen. Zu den trockenen, geraffelten Birnenstücken Honig, Eigelb und Grieß beigeben. Danach kleine Birnenbällchen formen und in reinem Butterfett beidseitig goldbraun backen.

Williamssorbet

Eine Birne waschen und mitsamt Schale und Kerngehäuse klein schneiden. Die Birnenstücke mit dem Wasser und dem Weißwein zur Hälfte einkochen.

Den Saft passieren; Glukose, Zucker und Williams unterrühren und in der Eismaschine gefrieren.

Schokoladenrohr

Schritt 1

Eine Plastikfolie zurecht schneiden, um perfekt um ein Aluminiumrohr (Ø 3 cm) mit einer Länge von ca. 14 cm zu passen. Diese Folie flach auflegen und mit Hilfe eines großen Pinsels temperierte Kuvertüre aufpinseln.

Schritt 2

Weiße Schokolade mit gelber, fettlöslicher Farbe (Pigmentfarbe) färben und temperieren. Diese Dekorschokolade nun dünn über die gepinselte, dunkle Kuvertüre streichen.

Pear roesti

Peel the pear, remove the core and grate coarsely. Squeeze the juice thoroughly from the pear. Add the honey, egg yolk and semolina to the dry, grated pear. Shape the mixture to small balls and fry on both sides in pure butterfat.

Pear sorbet

Wash the pear and cut into small pieces with the core and the skin. Stew the pear chunks with the water and the white wine until it has been reduced by half.

Strain the juice; add the glucose, sugar and pear brandy and freeze in the ice-cream maker.

Chocolate tube

Step 1

Cut a piece of plastic film so that it fits perfectly around an aluminium tube (Ø 3 cm) with a length of approximately 14 cm. Place the film on a flat surface and apply tempered chocolate with a large brush.

Step 2

Colour white chocolate with yellow, oil-soluble colouring (pigment colouring) and temper. Then apply a thin layer of this decorative chocolate over the brushed dark couverture chocolate layer.

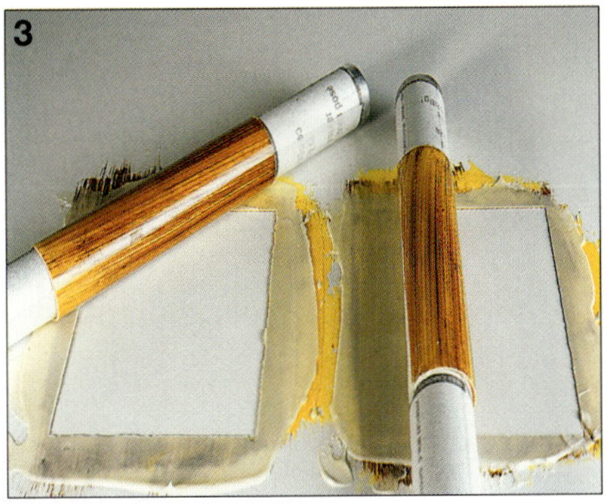

Schritt 3

Weiße, temperierte Schokolade dünn über die gelbe Dekorschokolade streichen. Die Folie mit den drei Schichten Schokolade vorsichtig über das mit Backtrennpapier überklebte Aluminiumrohr rollen.
Mit dem Verschluß nach unten im Tiefkühler kurz anziehen lassen, danach den Schokoladenteil mit der Folie vom Rohr ziehen.

Tipp

Je länger die Plastikfolie an der Schokolade bleibt, um so mehr glänzt die Schokolade

Dekor

2 frische Birnenspalten auf dem Honigmousse
Dunkles Dekorbiskuit unter dem Williamssorbet
1 Scheibe Dörrbirne auf dem Williamssorbet

Step 3

Apply white, tempered chocolate thinly over the yellow decorative chocolate. Carefully roll the film with the three layers of chocolate around the aluminium tube which has been covered with baking paper.
With the closed end at the bottom, place for a short time in the freezer and then remove the chocolate piece with the film from the tube.

Our tip

The longer the plastic film stays on the chocolate, the glossier the chocolate will be.

Decoration

Two fresh pear slices on the honey mousse
Dark decoration sponge under the pear sorbet
One slice of dried pear on the pear sorbet

Kürbiskrem auf Mohnbiskuit mit gebackenen Trüffeln

Die nächste Halloweenfeier kommt bestimmt – Grund genug, auch den Kürbis zu diesem Anlass ins Repertoire der Patisserie aufzunehmen.

Pumpkin cream on poppyseed sponge with baked truffles

The next Halloween party is an occasion to look forward to – and reason enough to include pumpkins in your patisserie repertoire.

Kürbiskrem

200 g pochierter Kürbis
60 g Zucker
6 g Weizenstärke
1 cl Whisky
3 Blatt Gelatine
2 dl Sahne

Mohnbiskuit

100 g Rohmarzipan
100 g Eigelb
1 cl Rum
140 g Eiweiß
110 g Zucker
40 g Blaumohn
40 g Pistazien
40 g Mehl

Ganache
Teil 1

4 cl Milch
20 g Glucose
1/2 Tl. Instantkaffee
130 g weiße Schokolade
4 cl Baileys Cream

Teil 2

6 cl Sahne
20 g Glucose
230 g Milch-Kuvertüre
40 g Butter
6 cl Whisky

Zutaten

Pumpkin cream

200 g poached pumpkin
60 g sugar
6 g wheat starch
1 cl whisky
3 sheets of gelatine
2 dl cream

Poppyseed sponge

100 g raw marzipan
100 g egg yolks
1 cl rum
140 g egg white
110 g sugar
40 g poppyseeds
40 g pistachios
40 g flour

Canache
Part 1

4 cl milk
20 g glucose
1/2 tsp. instant coffee
130 g white chocolate
4 cl Baileys cream

Part 2

6 cl cream
20 g glucose
230 g milk couverture chocolate
40 g butter
6 cl whisky

Ingredients

Zubereitung

Kürbiskrem

An besten eignet sich hier ein Muskat- oder Hokaidokürbis, der geschält und in kleine Stücke geschnitten wird. Die kleinen Kürbisstücke mit etwas Puderzucker bei 160° C im Aluminiumfolienmantel ca. 40 Min. im Backofen dünsten.

Den weichen Kürbis mit dem restlichem Zucker zum Kochen bringen und mit der mit Whisky angerührten Stärke abbinden. Die in kaltem Wasser eingeweichte Gelatine gut ausdrücken, in der warmen Kürbissoße auflösen und passieren. In kaltem Zustand die geschlagene Sahne unterheben.

Mohnbiskuit

Marzipan mit Eigelb und Rum schaumig aufschlagen. Eiweiß und Zucker zu Schnee schlagen und unter die Eigelbmasse ziehen. Das Mehl, der gemahlene Blaumohn und die grob gehackten Pistazien vermengen und unter die Eiermasse heben. In eine passende Springform (1,5 cm hoch) einfüllen und bei 210° C backen.

➢ ➢ ➢ ➢ ➢ ➢ ➢ ➢

Method

Pumpkin cream

The most suitable type of pumpkin for this recipe is a musky pumpkin or a Hokkaido pumpkin, peeled and cut into small pieces. Stew the small pumpkin pieces, wrapped in aluminium foil with a small amount of icing sugar, in the oven at 160° C for approximately 40 minutes.

Bring the soft pumpkin with the remaining sugar to the boil and thicken with the whisky mixed with the starch. Thoroughly squeeze out the gelatine, previously soaked in cold water, dissolve in the warm pumpkin sauce and strain. When cold fold in the whipped cream.

Poppyseed sponge

Mix the marzipan with the egg yolk and rum until frothy. Whip the egg whites and sugar until stiff and fold into the egg yolk mixture. Mix the flour, the ground poppyseeds and the roughly chopped pistachios and fold into the egg mixture. Fill into a suitable cake ring (1.5 cm deep) and bake at 210° C.

➢ ➢ ➢ ➢ ➢ ➢ ➢ ➢

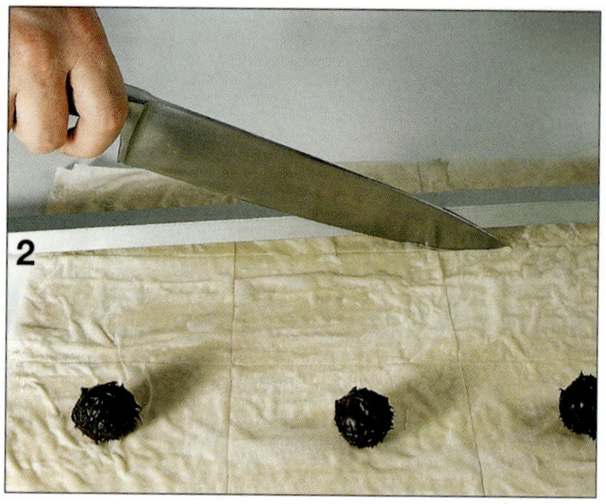

Gebackene Trüffeln

Die benötigten Trüffeln kann man entweder beim Konditor kaufen oder man produziert sie selbst mit Hilfe von Trüffelhohlkörpern.

Hier ist ein geeignetes Ganache-Rezept:

Ganache

Teil 1

Milch, Glucose und Instantkaffee zum Kochen bringen; danach vom Herd nehmen und die kleingeschnittene weiße Schokolade einrühren.

Baileys Cream dazu rühren und mit dem Stabmixer kurz glatt mixen. Die Masse in kaltem Zustand bis zur Hälfte in die Trüffelhohlkugeln einfüllen.

Teil 2

Sahne und Glucose zum Kochen bringen; vom Herd nehmen und die kleingeschnittene Milch-Kuvertüre einrühren. Butter und Whisky mit Hilfe eines Stabmixers bei ca. 30° C einmixen. Danach die Trüffelhohlkugeln mit dieser zweiten Masse vollständig auffüllen. Die Trüffelhohlhugeln mit temperierter dunkler Schokolade schließen und überziehen.

Zum Backen der Trüffel verwendet man am besten Filo-Pastry (dünner nicht-klebender Strudelteig), den man von griechischen oder türkischen Supermärkten beziehen kann.

Baked truffles

The required truffles can either be bought from a confectioner or made yourself using truffle shells.

Here is a suitable canache recipe:

Canache

Part 1

Bring the milk, glucose and instant coffee to the boil; then remove from the cooker and mix in the finely chopped white chocolate.

Add the Baileys Cream and purée briefly with the electric whisk. Fill the truffle shells half full of the cold mixture.

Part 2

Bring the cream and glucose to the boil; then remove from the cooker and mix in the finely chopped milk couverture chocolate. Mix in the butter and whisky with an electric whisk at approx. 30° C. Then fill the truffle shells completely with this second mixture. Close the truffle shells with tempered dark chocolate and coat.

To bake the truffles use Filo pastry (a thin, non-sticking strudel dough) which can be bought in Greek or Turkish supermarkets.

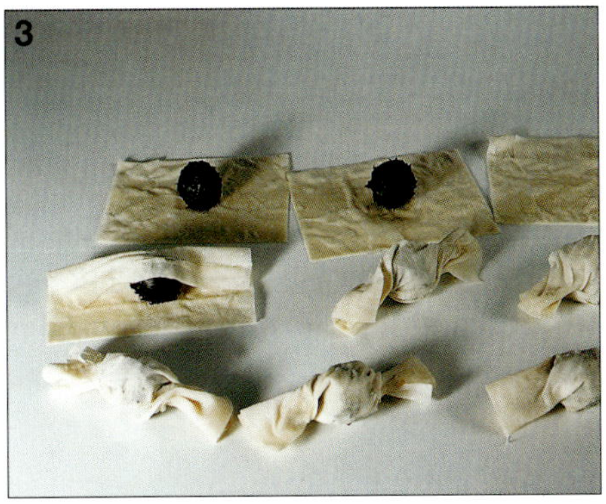

Schritt 1

Zwei Lagen Filo-Pastry mit flüssiger Butter zusammenkleben und dann die Oberfläche mit flüssiger Butter bepinseln.

Schritt 2

Denn Teig mit einem scharfen Messer in Rechtecke von ca. 12 x 10 cm Größe schneiden. Die Pralinen darauf setzen.

Schritt 3

Die Pralinen werden in den Teig wie Bonbons in Papier eingedreht.

Schritt 4

Die eingerollten Teigpralinen werden im heißen Fett ca. 180° C gebacken und anschließend mit Puderzucker bestäubt.

Dekor

Zu diesem Dessert eignen sich als Beilage einige in Grappa marinierte Trauben sowie ein mit Puderzucker bestäubter Kuvertüreaufsatz auf der Kürbiskrem.

Step1

Stick two layers of Filo pastry together with melted butter and then brush the surface with melted butter.

Step 2

Cut the dough with a sharp knife into squares of approximately 12 x 10 cm in size. Place the pralines on the squares.

Step 3

Twist the pastry around the pralines in the same way as sweets in paper.

Step 4

Bake the wrapped pastry pralines in hot fat at approx. 180° C and then dust with sugar.

Decoration

Grapes marinated in grappa and a couverture chocolate top decoration dusted in icing sugar on the pumpkin cream is suitable for this dessert.

Likör-Charlotte mit Portweinfeige und Schokoladensoße

Was ist eine Charlotte? Zum einen ist ein Mädchenname, zum anderen ist es ein Begriff in der Patissierie, und zwar bezeichnet man jede Krem, die von einem Biskuitmantel umgeben ist, als Charlotte. Alte Klassiker sind z.B. Charlotte Royal und Charlotte Russe.

Liqueur charlotte with stewed port fig and two types of chocolate sauce

What is a charlotte? First of all it is a girl‘s name, but pastry chefs refer to any cream surrounded by a sponge covering as a charlotte. Old favourites are, for example, charlotte royale and charlotte russe.

Dekorbiskuit
Schokoladenbuttermasse

80 g Butter
80 g Puderzucker
80 g Eiweiß
60 g Mehl
30 g Kakaopulver

Biskuit hell

250 g Vollei (5 Eier)
180 g Puderzucker
5 Eiweiß
30 g Zucker
100 g Mehl
150 g Mandelgrieß
40 g Butter

Likörcharlotte

1,5 dl Likör
5 cl Milch
40 g Puderzucker
3 Blatt Gelatine
2 dl Sahne

Zutaten

Decorative sponge
Chocolate butter mixture

80 g butter
80 g icing sugar
80 g egg white
60 g flour
30 g cocoa powder

Light sponge

250 g unseparated eggs (5 eggs)
180 g icing sugar
5 egg whites
30 g sugar
100 g flour
150 g ground almonds
40 g butter

Liqueur charlotte

1.5 liqueur
5 cl milk
40 g icing sugar
3 sheets of gelatine
2 dl cream

Ingredients

Zubereitung

Dekorbiskuit
Schokoladenbuttermasse
Die sehr weiche Butter mit Puderzucker, flüssigem Eiweiß, Mehl und Kakaopulver glatt rühren. Nicht schaumig schlagen.

Biskuit hell
Die Eier mit Puderzucker verrühren, auf 85° C erwärmen und kalt schlagen.
Eiweiß mit Zucker zu Schnee schlagen und unter die Eiermasse ziehen. Mehl mit Mandelgrieß vermengen und unter die Eiermasse rühren.
Die flüssige Butter einrühren.

Likörcharlotte
Im Prinzip kann man für diese Krem jeden Likör verwenden, allerdings eignen sich dafür Baileys Cream und Batida de Coco am besten.
Milch und Zucker leicht erwärmen und die eingeweichte Gelatine darin auflösen. Den Likör dazu rühren und das Ganze abkühlen; danach die geschlagene Sahne unterheben.

Method

Decorative sponge
Chocolate butter mixture
Mix the very soft butter with the icing sugar, unbeaten egg white, flour and cocoa powder until smooth. Do not whip until frothy.

Light sponge
Mix the eggs with the icing sugar, heat to 85° C and beat until cold.
Whip the egg whites and sugar until stiff and fold into the egg mixture. Combine the flour with the ground almonds and mix into the egg mixture.
Stir in the melted butter.

Liqueur charlotte
In principle any type of liqueur can be used for this recipe, but Baileys cream and Batida de Coco are the most suitable.
Slightly heat the milk and the sugar and dissolve the soaked gelatine in the mixture. Stir in the liqueur and leave to cool; then fold in the whipped cream.

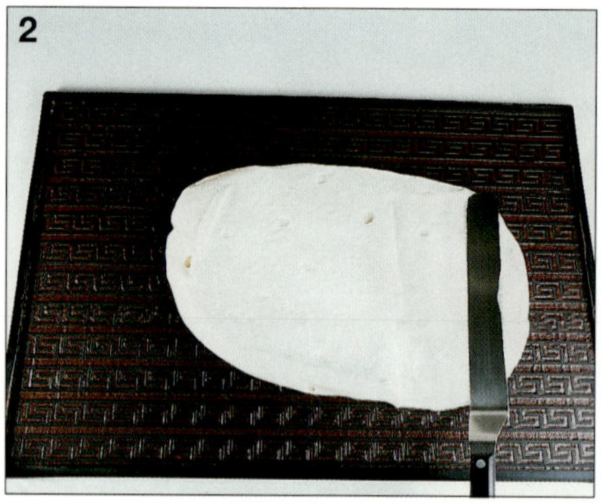

Schritt 1

Die weiche Schokoladenbuttermasse wird auf die Reliefmatte gestrichen.

Schritt 2

Das helle Biskuit 5 mm dick auf der Reliefmatte über die Buttermasse streichen und anschließend bei 210° C backen.

Schritt 3

Das fertig gebackene Biskuit von der Matte ziehen und anschließend in lange Streifen passend für die Dessertform schneiden.

Schritt 4

In die Dessertform zuerst ein Plastikfolienband und dann den Dekorbiskuitstreifen einlegen.

Schritt 5

Mit Baileys Cream bis zum Biskuitrand einfüllen und anschließend mit Batida de Coco Krem bis zum Dessertrand auffüllen.

Schritt 6

Ein Querschnitt der Likörkrem.

Step 1

Spread the soft chocolate butter mixture onto the relief mat.

Step 2

Spread the light sponge to a thickness of 5 mm onto the relief mat over the butter mixture and then bake at 210° C.

Step 3

Remove the baked sponge from the mat and then cut into long strips suitable to line the mould.

Step 4

First line the mould with a strip of plastic film and then with the sponge slices.

Step 5

Fill the mould with the Baileys cream to the top of the sponge and then with the Batida de Coco cream to the top edge of the dessert.

Step 6

A cross-section of the liqueur creams

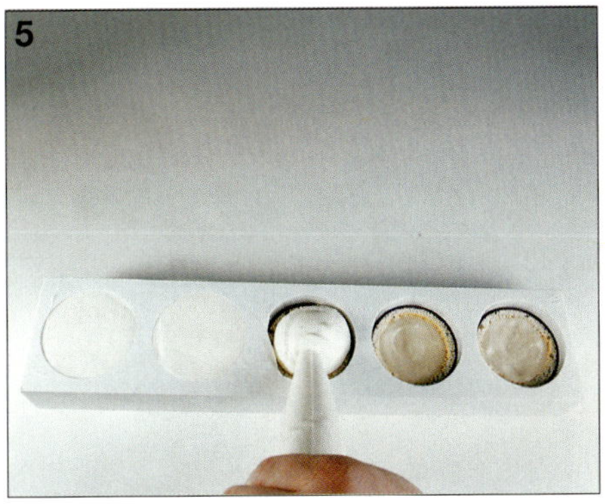

Gedünstete Feigen

Zum Dünsten eignen sich nur feste, kompakte Feigen.
Die Feigen schälen und mit einem Zahnstocher löchern, damit sie das Aroma besser aufnehmen können.
Die Feige auf eine ca. 12.cm x 12 cm große, leicht gewölbte Aluminiumfolie legen; darüber pro Feige 1 cl. Portwein gießen und die Folie zudrücken. Im Backofen bei 150° C ca. 15 – 20 Minuten dünsten.

Dekor

Schokoladenstäbchen

Temperierte Kuvertüre dünn auf ein Papier oder eine Plastikfolie spritzen. Auf die noch weiche Kuvertüre die Kokosflocken streuen und anziehen lassen.

Zuckerdekor siehe Seite 26
Schokoladensoße siehe Seite 54

Stewed figs

Only firm, compact figs are suitable for stewing.
Peel the figs and prick them with a cocktail stick so that they can absorb the aroma more easily.
Place the figs onto a slightly curved sheet of aluminium foil of approximately 12 cm x 12 cm in size, then pour approximately 1 cl of port per fig over these and close the foil. Stew in the oven at 150° C for approximately 15 – 20 minutes.

Decoration

Chocolate rods

Thinly pipe tempered couverture chocolate onto a piece of paper or plastic film and sprinkle with desiccated coconut before it sets.

For the sugar decoration see recipe on page 27
For the chocolate sauce see recipe on page 55

Weihnachtsorangen mit Schokoladensorbet

Diese Art von marinierten Orangen findet man oft als Dessert in der südchinesischen Provinz Kanton. Sie werden dort mit einem chinesischen, roten Honig und einem speziellen Orangenbranntwein zubereitet. Aber auch diese abgewandelte Form kann man mindestes 3 – 4 Wochen vor Weihnachten sehr gut vorbereiten.

Marinated Christmas oranges with chocolate sorbet

This recipe for marinated oranges is often served as a dessert in the South Chinese province of Canton. There it is prepared with a red Chinese honey and a special orange brandy.
This modified version is also suitable for preparing at least 3 – 4 weeks before Christmas.

Marinierte Orangen

750 g Zucker
1 l Wasser
20 St. Nelken
10 St. Sternanis
1 Stange Zimt
1 Stange Vanille
Schale von 4 Orangen
Schale von 1 Zitrone
500 g Honig
3,5 dl Cointreau

Schokoladensorbet

6 dl Wasser
20 g Kakaopulver
100 g Puderzucker
50 g Bitterkuvertüre
6 cl Creme de Cacao (Likör)

Zutaten

1

2

Marinated oranges

750 g sugar
1 l water
20 cloves
10 star anise
1 stick of cinnamon
1 vanilla pod
Zest of 4 oranges
Zest of 1 lemon
500 g honey
3.5 dl Cointreau

Chocolate sorbet

6 dl water
20 g cocoa powder
100 g icing sugar
50 g bitter couverture chocolate
6 cl Creme de Cacao (liqueur)

Ingredients

Zubereitung

Schritt 1
Die kernlosen Orangen schälen und in 4 – 5 mm dicke Scheiben schneiden und in eine passende Form geben.

Schritt 2
Zucker und Wasser zum Kochen bringen, Gewürze, Orangen- und Zitronenschale beigeben und ca. 10 Minuten weiter kochen. Danach Honig und Cointreau in den heißen Zuckersud einrühren.
Den Sud mit all den Gewürzen heiß über die Orangenscheiben gießen, mit Plastikfolie abdecken und mindesten 3 – 4 Wochen bei Raumtemperatur ziehen lassen.

Schokoladensorbet
Wasser mit Kakaopulver und Puderzucker aufkochen, Bitterkuvertüre und Alkohol einrühren. Das Ganze in einem Mixer emulgieren und anschließend in der Eismaschine gefrieren.

Tipp
Ohne Emulgieren kann das Sorbet durch Fett und Wasser leicht grießig werden.

Dekor
Schokoladenrolle gedreht.

Method

Step 1
Peel the seedless oranges, cut into slices of 4 – 5 mm and place in a suitable mould.

Step 2
Bring the sugar and water to the boil, add the spices, orange and lemon zest and continue to cook for approximately 10 minutes. Then add the honey and Cointreau to the hot syrup.
Pour the syrup with all the spices over the orange slices while still hot, cover with plastic film and leave to marinate for at least 3 – 4 weeks at room temperature.

Chocolate sorbet
Boil the water with the cocoa powder and icing sugar, stir in the bitter couverture chocolate and the alcohol. Emulsify the mixture in a food processor and then freeze in the ice-cream maker.

Our tip
If the mixture is not emulsified, the sorbet can become slightly gritty due to the fat and water.

Decoration
Chocolate roll

Zubereitungszeit / Preparation time: 90 Min. 8 Personen / Serves 8

Mandarinenmousse im Mantel mit Pralineneis und Butterscotchsoße

Der nächste Herbst und Winter kommt bestimmt – dazu ein passendes Dessert für diese Jahreszeiten.

Mandarin mousse in shell with praline ice-cream and butterscotch sauce

The next autumn and winter are sure to come – here is a suitable dessert for the cold season.

Zutaten

Mandarinenmousse

600 g Mandarinen geschält
200 g Zucker
1/2 Vanilleschote
6 Blatt Gelatine
1 dl Branntwein
3 dl Sahne

Savarin

1 dl Milch
12 g Hefe
5 g Zucker
1 Ei
150 g Mehl
Salz
30 g weiche Butter

Savarinsud

1 lt Orangensaft
200 g Zucker
1 dl Cointrau

Pralineneis

4 dl Milch
100 g Zucker
3 Eigelbe
1/2 Vanilleschote
70 g Nugat dunkel
10 g Bitterkuvertüre
1,2 dl Sahne
2,5 cl Rum
2,5 cl Cointreau

Butterscotchsoße

150 g Zucker
0,8 dl Wasser
1 Limette / Saft
2dl Espresso
2 cl Cognac
40 g Butter

Ingredients

Mandarin mousse

600 g peeled mandarins
200 g sugar
1/2 vanilla pod
6 sheets of gelatine
1 dl brandy
3 dl cream

Savarin

1 dl milk
12 g yeast
5 g sugar
1 egg
150 g flour
Salt
30 g softened butter

Savarin syrup

1 litre orange juice
200 g sugar
1 dl Cointreau

Praline ice-cream

4 dl milk
100 g sugar
3 egg yolks
1/2 vanilla pod
70 g dark nougat
10 g bitter couverture chocolate
1.2 dl cream
2.5 cl rum
2.5 cl Cointreau

Butterscotch sauce

150 g sugar
0.8 dl water
1 lime / juice
2dl espresso
2 cl brandy
40 g butter

Zubereitung

Mandarinenmousse
Die Mandarinen schälen, entkernen und die weiße Haut entfernen. Den Zucker und das Mark der Vanilleschote beigeben und bei kleiner Hitze auf die Hälfte einkochen. Die eingeweichte Gelatine darin auflösen, den Branntwein dazu leeren und verrühren. Auf Eiswasser kalt rühren und anschließend die geschlagene Sahne unterziehen.

Savarin
Die Milch leicht erwärmen (40° C) und die Hefe mit Zucker darin auflösen. Die restlichen Zutaten beigeben und zu einem sehr weichen Teig schlagen. Den Teig zu drei Viertel der Gesamthöhe in die gebutterten Savarinformen füllen und bei 45° C in Gärschrank angehen lassen. Bei 180° C im Ofen backen.

Savarinsud
Alle Zutaten aufkochen und den Schaum absieben (abschäumen).
Im heißen Sud die gebackenen Savarins beidseitig jeweils ca. 30 Sekunden ziehen lassen. Dabei sollte sich das Volumen des Savarins verdoppeln.
Anschließend die marinierten Savarins mit Aprikosenkonfitüre abglänzen (aprikotieren).

Method

Mandarin mousse
Peel the mandarins, remove the pips and the white pith. Add the sugar and the flesh of the vanilla pod and stew over a low heat until it is reduced by half. Dissolve the soaked gelatine in the mixture, add the brandy and mix. Stir over iced water until cold and then fold in the whipped cream.

Savarin
Heat the milk slightly (40° C) and dissolve the yeast with the sugar in the milk. Add the remaining ingredients and beat to form a very soft dough. Fill the buttered savarin moulds three quarters full with the dough and leave to prove at 45° C in a warm proving cabinet. Bake at 180° C in the oven.

Savarin syrup
Boil all ingredients and remove (scoop off) the foam.
Leave the baked savarins to soak in the hot syrup on each side for approximately 30 seconds. The volume of the savarins should then double.

Finally coat the marinated savarins with apricot jam.

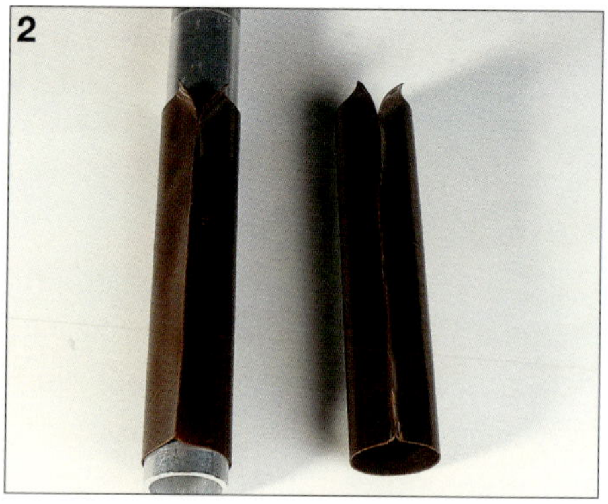

Pralineneis

Die Milch mit Zucker, Eigelben und der Vanilleschote zur Rose abziehen (auf 85° C erhitzen) und passieren. Den Nugat mit Kuvertüre, Alkohol und der restlichen Sahne kurz aufkochen und anschließend unter die Eiermasse rühren. Das Ganze im Eiswasser abkühlen und in der Eismaschine gefrieren.

Butterscotchsoße

Zucker, Wasser und Limettensaft zu einem sehr hellen Karamell kochen. Mit dem Espresso ablöschen und die weiche Butter einrühren, bis sich eine glatte, dickflüssige Soße ergibt. Danach mit Cognac verfeinern.

Schritt 1

Die temperierte Kuvertüre dünn auf eine Plastikfolie streichen; leicht anziehen lassen.

Praline ice-cream

Heat the milk with the sugar, egg yolks and vanilla pod until it reaches the nappe stage (85° C) and strain. Bring the nougat briefly to the boil with the couverture chocolate, alcohol and the remaining cream and add to the egg mixture. Cool in iced water and freeze in the ice-cream maker.

Butterscotch sauce

Heat the sugar, water and lime juice to make a very light caramel. Add the espresso and the softened butter until a smooth, thick sauce forms. Flavour with the brandy.

Step 1

Thinly spread the tempered couverture chocolate onto plastic film; leave to set slightly.

Schritt 2

Die Kuvertüre mit der Folie nach außen um ein Aluminiumrohr (Ø 3 cm) rollen. An der Naht sollten die Enden der Schokolade vom Aluminiumrohr abstehen, damit eine Kante entsteht. Im noch weichen Zustand der Kuvertüre kann man die Mantelkragen noch biegen. Danach muß die Kuvertüre gut anziehen.

Schritt 3

Den Schokoladenmantel vom Rohr ziehen und die Folie abziehen. Den Schokoladenmantel entweder mit flüssiger Kakaobutter bepinseln oder besprühen.

Schritt 4

Solange die Kakaobutter noch nicht ganz angezogen hat, kann man die Schokoladenteile mit Kakaopulver bestäuben.

Dekor

Schokoladenstäbchen (siehe Seite 20)
Hippenschale (siehe Seite 30, 206)

Step 2

Roll the couverture chocolate with the film on the outside around an aluminium tube (Ø 3 cm). The ends of the chocolate should stand out from the tube at the seam to form an edge. When the couverture chocolate is still soft it is still possible to bend the collar of the shell. Then leave the chocolate to set well.

Step 3

Remove the chocolate shell from the tube and pull off the film. Either brush or spray the chocolate shell with melted cocoa butter.

Step 4

As long as the cocoa butter has not completely set, it is still possible to dust the chocolate pieces with cocoa powder.

Decoration

Chocolate rods (refer to page 21)
Hippen paste dish (refer to page 31, 207

Seminare

Wenn Sie Ihre Kenntnisse in verschiedenen Teilbereichen der Patisserie noch weiter vertiefen und kreativ erweitern wollen, bieten Ihnen die Fachseminare der Dekor- und Patisserieschule Robert Oppeneder eine Vielzahl von Anregungen.

Die Seminarthemen sind u.a.:

- Dessertkreationen aus der Gourmetküche
- Schokoladenschaustücke jeder Art
- Zuckerziehen, Zuckerblasen, Zuckergießen für Anfänger
- Zuckerziehen und Zuckerblasen für Fortgeschrittene
- Pralinenseminar
- Petits Fours und Teegebäck
- Französische Kleintorten
- Österreichisch/Bayrische Mehlspeisen
- Allgemeiner Schaustück- und Dessertkurs
- Marzipanmodellieren für Anfänger
- Arbeiten mit Tragant- und Gelatinezucker
- Airbrush-Kurs
- Margarinefiguren modellieren
- Gemüseschnitzen
- Eismeißeln

Fordern Sie in jedem Fall das aktuelle Seminarprogramm an:

Robert Oppeneder
Tel. (0049) (089) 69 56 36
www.sweetart.de
www.dessertart.de
office@sweetart.de

Seminars

If you would like to intensify and creatively extend your knowledge in various areas of patisserie, the special seminars at the Robert Oppeneder School of Decor and Confectionery Art will provide you with a host of ideas.

The seminar topics, among others, are:

- Gourmet cuisine dessert creations
- The art of modern chocolate showpieces
- Sugar pulling, blowing, casting for beginners
- Sugar pulling, blowing, casting for advanced
- The art of fine pralines
- Petits fours and cookies
- The art of French cakes and design
- Austrian-Bavarian sweet dishes
- General showpiece and dessert course
- The new way of marzipan moulding
- English cake decoration (gum paste flowers)
- Airbrush-course
- Margarine figures moulding
- Vegetable and fruit carving
- Ice carving

Don't forget to ask for the latest seminar programme, available from:
Robert Oppeneder
Phone ++49-89-69 56 36
www.sweetart.de
www.dessertart.de
office@sweetart.de

Material und Formen

Die verschiedenen Geräte, die im Buch abgebildet sind, können Sie, liebe Leser, bestellen. Diese Geräte können Ihnen Ihre Arbeit in der Patisserie oder Konditorei wesentlich erleichtern. Die in diesem Buch abgebildeten Rohre und Schienen können Sie in jedem Handwerkerladen kaufen.

	Seite
Pigment-Lebensmittelfarbe, fettlöslich	16
Spachtel	21
Schablone für Hippenmasse	30
Parfaitform, (rund oder dreieckig)	
Flexipanmatte	126, 224
Isomalt-Perlen	
Silpatmatte	132
Dessertformen mit Durchdrücker	148
Wärmelampe für Zuckerarbeiten	153
Zuckerblasebalg mit Mundstück	153
Gerillte Dekorfolie	190
Reliefmatte	206, 294
Plastikfolienband 4 cm hoch	22, 216
Schokoladenkamm	224
Eisspray/Kältespray	228
Silikonform	250
Zuckerwaage	272

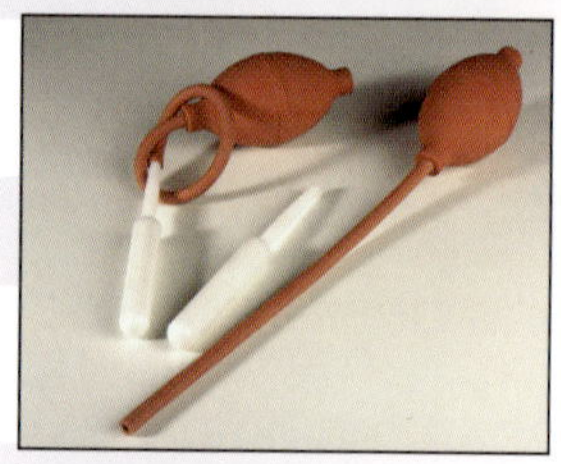

Zu bestellen bei:
Robert Oppeneder
Tel. (0049) (089) 69 56 36
www.sweetart.de
www.dessertart.de
office@sweetart.de

Tools and moulds

Dear reader, all of the various tools depicted in this book can be ordered. These tools will greatly facilitate your work in the patisserie or confectionery. The tubes and bars illustrated in this book can be purchased in any handicrafts-shop.

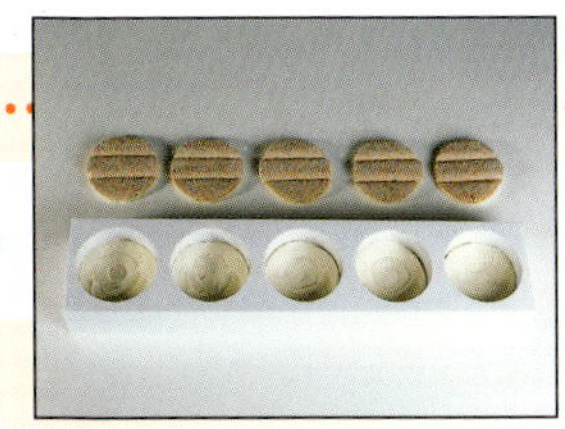

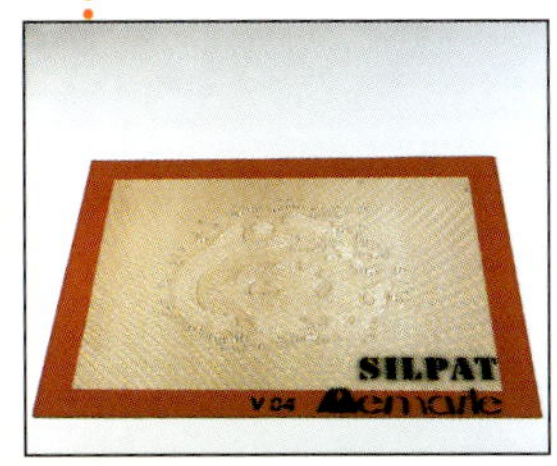

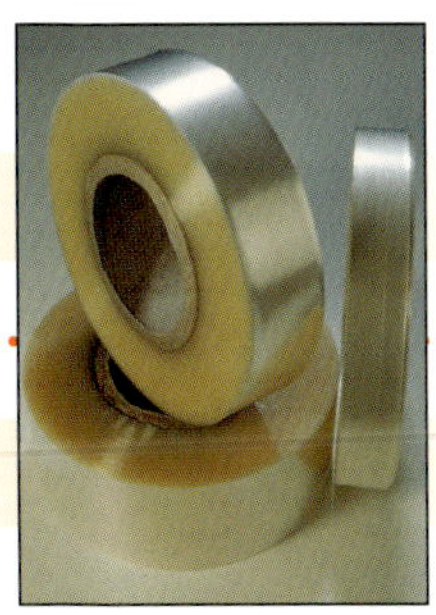

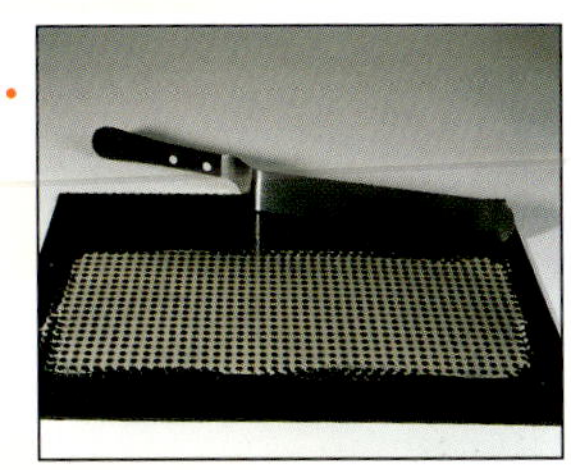

To order from:
Robert Oppeneder
Phone ++49-89-69 56 36
www.sweetart.de
www.dessertart.de
office@sweetart.de

Stichwortverzeichnis

Dekor, Biskuit, Teig

Kompott, Ragout

Soße, Marinade

Index

Decor, sponge, dough

Compote, ragout

Sauce, marinade

Krem, Mousse, Mousseline, Sabayon

Cream, mousse, mousseline, sabayon

Stichwortverzeichnis

Index